Oksana Shapoval

O conceito de Kunstreligion de Wagner através do prisma do início do mistério

Oksana Shapoval

O conceito de Kunstreligion de Wagner através do prisma do início do mistério

estudo monográfico

Imprint

Any brand names and product names mentioned in this book are subject to trademark, brand or patent protection and are trademarks or registered trademarks of their respective holders. The use of brand names, product names, common names, trade names, product descriptions etc. even without a particular marking in this work is in no way to be construed to mean that such names may be regarded as unrestricted in respect of trademark and brand protection legislation and could thus be used by anyone.

Cover image: www.ingimage.com

This book is a translation from the original published under ISBN 978-620-2-01478-6.

Publisher:
Sciencia Scripts
is a trademark of
Dodo Books Indian Ocean Ltd. and OmniScriptum S.R.L publishing group

120 High Road, East Finchley, London, N2 9ED, United Kingdom
Str. Armeneasca 28/1, office 1, Chisinau MD-2012, Republic of Moldova, Europe
Printed at: see last page
ISBN: 978-620-7-69555-3

CONTEÚDO.

Do autor

O texto de Wagner tem um conteúdo concentrado, encorajando os intérpretes/destinatários a explorá-lo incessantemente, para encontrar os seus significados mais profundos. O compositor aborda a experiência cultural, introduzindo códigos cifrados nas suas obras. No processo de criatividade há um "ato comunicativo" (segundo Y. Lotman [24, p. 11]), no qual, no processo de formação de uma imagem única do mundo por R. Wagner, há uma reinterpretação qualitativa de símbolos geralmente significativos. Ao mesmo tempo, de acordo com o conceito de Kun- streligion, a arte parecia a R. Wagner ser igual à religião em seu significado. "Parsifal é um drama-mistério que coroa o percurso criativo do compositor. No entanto, todas as suas obras de ópera, a começar por O Holandês Voador, são abordagens à formação da ideia de Kunstreligion e à escrita de um mistério cénico solene em três actos que coroa o seu percurso criativo. Assim, o início misterioso é caraterístico do conjunto da obra de R. Wagner.

O compositor sonhava com a construção de um teatro e a organização de festivais onde as suas óperas seriam exclusivamente representadas. A concretização dos projectos de Wagner e a encenação das suas obras podem ser comparadas ao sacramento da iniciação - uma iniciação à Verdade suprema, que o compositor comunicou nas páginas das suas obras musicais e estéticas e que depois encarnou em majestosas criações do espírito - grandiosas telas musicais e cénicas. De acordo com a ideia de Kunstreligion do compositor, a Festspielhaus é um templo de arte. Está situado, como muitos edifícios religiosos, numa colina rodeada por um parque encantador. Uma atuação no palco do Festspielhaus pode ser justamente caracterizada como um ato sagrado num templo de arte.

O texto de Wagner, de acordo com o seu conteúdo e a profundidade do conceito do autor, está ao nível dos grandes monumentos do espírito humano representados não só na esfera da arte, mas também em formas de consciência social como a religião e a filosofia.

O texto de Wagner, de acordo com o seu conteúdo e a profundidade do conceito do autor, está ao nível dos grandes monumentos do espírito humano, representados não só na esfera da arte, mas também em formas de consciência social como a religião e a filosofia. E isto não é acidental, pois Wagner, na sua atividade cognitiva, gravitava em torno de fontes onde se reflectia uma imagem generalizada do mundo.

A esfera cognitiva de R. Wagner. A esfera cognitiva de Wagner, o seu tesauro, pode ser comparada a um espaço, no qual "a realização de processos comunicativos e a produção de novas informações são possíveis" [24, p. 11]. [24, c. 11]. A caraterística dada por Yu. Lotman da semiosfera é consistente com a natureza das constantes formadoras de significado do espaço "hermético" da criação de mitos de Wagner, cujo "terreno fértil" eram os códigos universalmente significativos da cultura mundial. Segundo R. Barthes, o texto não é idêntico à obra. Não só o autor, mas também o próprio texto "fala" ao destinatário através da obra [3, p. 416]. Assim, o intérprete entra num diálogo virtual não só com o criador da obra, mas também com o próprio texto. A identificação do conteúdo semântico das composições, inclusive por pesquisadores-intérpretes, invariavelmente comprova a multiplicidade potencialmente infinita de interpretações possíveis. A profundidade da interpretação depende do conteúdo concetual do texto da obra, por um lado, e do tesauro do destinatário, das particularidades do seu pensamento, das suas atitudes e competências profissionais, por outro.

O autor do livro pretende interpretar a obra de R. Wagner através do prisma do mistério, que se reflecte na ideia de imortalidade, de serviço angélico e de redenção.

Mistério e mistério na obra de R. Wagner

O caminho misterioso da auto-descoberta em "Parsifal" é descrito no estudo de dissertação de E. Naumova [30]. Naumova [30]. A autora vê nesta obra a concentração das propriedades fundamentais do mistério. No entanto, o princípio do mistério é refractado na obra de Wagner num outro sentido, por exemplo, como uma ação estética que visa a purificação, a santificação da sociedade degradada. Para R. Wagner, o teatro é um templo de arte, pelo que o seu sonho de libertar o teatro musical dos caminhos da comercialização ecoa a história evangélica de Jesus expulsando os mercadores do templo.

Uma compreensão alargada do mistério nas obras de Wagner surge devido à utilização de analogias literárias. B. Shalaginov chamou à tragédia "Fausto" um mistério. A correlação da obra de Goethe com a Divina Comédia de Dante (seguindo a sugestão de Schelling) leva B. Shalaginov a tomar emprestado os nomes das partes da obra do grande italiano para denotar os principais marcos da formação e do discipulado espiritual de Fausto - inferno, purgatório e paraíso. O investigador mede o mistério em "Fausto" pela história de três membros, que começa com a rutura consciente do homem com o passado "pecaminoso" e baixo, através de uma escolha significativa no presente, até à ascensão da alma, a epifania da "nova vida" no futuro [40, p. 12].

Wagner também fez uma ascensão interior ao Absoluto, mergulhando no mundo artístico da Divina Comédia de Dante. Numa carta a Liszt, datada de 7 de junho de 1855, o compositor escreveu sobre isso: "Estava a subir de um degrau para outro, matando uma paixão atrás da outra. Estava a vencer uma sede selvagem de vida. Mas agora, tendo atingido a última chama, tendo vencido a própria vontade de viver, atirei-me ao fogo para me derreter completamente na contemplação de Beatriz, para finalmente desencarnar a minha personalidade" [12, p. 110]. [12, c. 110].

Ф. W. Schelling, na sua obra inacabada "Filosofia da Arte", relaciona "A Divina Comédia" com a tragédia "Fausto". O Doutor em Filosofia A. Gulyga, na sua obra monográfica "Schelling", aborda os pensamentos do filósofo alemão relativamente ao paralelo entre as obras literárias mencionadas. Assim, Schelling viu a essência do género da comédia na transferência da necessidade do objeto para o sujeito. Quando um cobarde é obrigado a ser corajoso, quando um avarento tem de esbanjar a sua riqueza, a mulher desempenha o papel do marido e vice-versa. Nestes casos, produz-se um efeito cómico. Schelling considerou a comédia de Goethe "Fausto" a maior obra poética do povo alemão [citado em: 15, p. 43]. Segundo Schelling, Fausto desperdiça as suas potencialidades: "O que Mefistófeles previu realiza-se:

Dar-lhe-ei vida em abundância,

Vou pisá-lo na lama, vou enterrá-lo na lama.

Eu tê-lo-ei durante todo o horror, toda a tortura,

Toda a sujidade do nada, todo o vazio! (tradução de B. Pasternak).

A. Gulyba também aponta que: "Nestas palavras de Mefistófeles, que Schelling cita, na sua opinião, concluiu-se o significado do poema. A segunda parte de "Fausto", cheia de pathos trágico, onde o herói ganha liberdade e actua como uma pessoa moral, nessa altura ainda não tinha sido escrita" [ibid].

Nas óperas de Wagner, à semelhança da Divina Comédia de Dante e do Fausto de Goethe, existe também um enredo misterioso em três partes, uma vez que a queda interior do herói pecador é substituída por uma viragem espiritual que conduz à redenção. A "Morte no Amor" (Liebestod) tem um significado no mistério de R. Wagner que se aproxima da sabedoria dos mistérios: "Tudo aquilo a que o homem está ligado na vida quotidiana deve perder todo o significado para ele no final da viagem espiritual do místico. O verdadeiro valor para ele é agora o amor" [41]. [41].

P. R. Steiner relaciona o devir interior e a transformação com a aquisição da visão espiritual: "Agora o homem olha para dentro de si. Como uma força criativa oculta, ainda desprovida de ser, o divino bate na sua alma. É nesta área que o deus encantado pode voltar a ganhar vida" [ibid]. As mesmas reflexões são colocadas na boca de Jesus no drama inacabado de Wagner "Jesus de Nazaré": "E agora quero devolver o homem ao homem, ensinando-o a procurar Deus novamente em si mesmo, e não mais fora de si; mas Deus é a lei do amor; e quando nos apercebermos disso e agirmos de acordo com essa lei, como toda a criatura faz inconscientemente, seremos o próprio Deus, pois Deus é a realização de si mesmo" [21, p. 170]. [21, c. 170]. Na ópera Lohengrin, Elsa descobre o divino através de um olhar interior virado para si própria. Não é por acaso que, enquanto a heroína se manteve fiel à sua visão interior, seguiu a vontade do seu coração. Tendo voltado o seu olhar para o exterior, a heroína perdeu o princípio divino mais íntimo, que se lhe revelou num momento de perigo e chamou o cavaleiro do Graal em seu auxílio. A este propósito, recordemos o juízo do Padre Florovsky sobre as duas culturas - noite e dia. É na oposição entre o início intuitivo e o início lógico que reside a tragédia da personagem Elsa, que, possuidora de uma pureza intuitiva e de uma fé (cultura nocturna, subconsciente), não foi capaz de resistir às provas que a conduziram à Luz (cultura diurna), de rejeitar os argumentos da prova lógica (doença espiritual) e de fazer uma escolha consciente a favor do amor. Assim, a heroína não consegue atingir o objetivo último da formação do mistério. Caracteristicamente, a Verdade última é revelada a Elsa através de um sonho, que é semelhante a uma visão mística. E. Schüré escreve no seu livro "Os Grandes Iniciados": "As crónicas místicas de todos os tempos mostram que as verdades espirituais da mais alta ordem foram aprendidas pelas almas escolhidas não por meio de especulação, mas por meio de contemplação interior sob a forma de visão. Este tipo de fenómenos psíquicos é muito pouco conhecido pela ciência moderna, mas é um facto indubitável" [42]. [42]. C. G. Jung cita uma série de casos documentados em que místicos profundamente crentes e com inclinação religiosa tiveram visões de símbolos (trindade, a face da ira de Deus), que o psicólogo considera como arquétipos do inconsciente coletivo [43, p. 101 - 104].

Segundo E. Schüré, Jesus contemplou a "verdade suprema do seu próprio mundo interior" e isso iluminou o seu espírito com a força do amor e deu-lhe fortaleza espiritual: "Este sentimento de união com Deus na luz do Amor foi a primeira grande revelação de Jesus. Iluminou toda a sua vida e deu-lhe uma confiança inabalável. Tornou-o manso e irresistível, fez do seu pensamento um escudo luminoso, da sua palavra uma espada ardente". [42]. Um profundo significado esotérico está contido no destino de Lohengrin. "'Para a alma que desce do céu, o nascimento é a morte', disse Empédocles 500 anos antes de Cristo". [ibid]. A essência interior de Lohengrin é oposta às leis do mundo em que desceu. Nesta contradição reside a tragédia da sua personalidade.

O Amor absoluto como intenção iniciadora e objetivo (adesão a ele através do sacrifício, conhecimento dele como um valor ontológico incondicional à luz da verdade) do caminho de auto-descoberta nas óperas de Wagner corresponde ao mistério cristão, um dos mandamentos básicos do qual é "amar o próximo". Os heróis de Wagner conduzem o pecador à purificação e à renovação no mundo transcendente - o significado de Liebestod.

Em relação ao que precede, pode afirmar-se que o início do mistério define a base essencial da consciência artística de R. Wagner.

A formação da ideia de imortalidade na reflexão artística de R. Wagner

O autor da monografia aborda os problemas de visão do mundo da criação artística de R. Wagner através do prisma do seu diálogo contínuo com o património cultural e histórico. A atenção centra-se nos mecanismos de realização, na consciência artística do compositor, da ideia metafísica da imortalidade, que está ligada à síntese semântica. Conjuga várias fontes heurísticas de R. Wagner, generalizando a experiência espiritual e cognitiva da humanidade.

A consciência artística do mestre de Bayreuth é um fenómeno cultural e histórico único e multidimensional. Voltamo-nos para o thesaurus de R. Wagner. No tesauro de Wagner, que se encarnou diretamente na sua reflexão e criatividade, podemos encontrar a refração da ideia de imortalidade através do prisma da tragédia e da filosofia antigas, das ideias cristãs e budistas, da ética schopenhaueriana, enquanto os horizontes do leitor assinalam a diversidade dos seus conhecimentos. O interesse direto de Wagner pelo problema da dialética da morte e da imortalidade é indicado pela sua familiarização com o tratado filosófico de L. Feuerbach, onde ambos os conceitos são fundamentais ("Pensamentos sobre a morte e a imortalidade"). Perto do compositor estava "a ideia de que só uma obra de arte sublime e espiritualizada é verdadeiramente imortal" [11, p. 129]. [11, c. 129].

A ideia de imortalidade como imagem de sentido na obra de R. Wagner está ligada aos seus processos cognitivos. Neste sentido, é necessário apresentar o campo contextual desta ideia através do prisma da experiência cultural e histórica e a sua projeção na consciência artística e na criatividade do compositor. Também é necessário ter em conta que no contexto da formação da visão do mundo de R. Wagner e das suas aspirações criativas a ideia de imortalidade não era um "valor constante", porque no processo de formação interior do compositor a sua compreensão aprofundou-se.

P. Wagner sintetizou várias fontes, encontrando nelas pontos comuns, descobrindo ideias semelhantes à sua própria busca espiritual. Numa carta a A. Reckel, datada de

5 de fevereiro de 1855, o compositor formula a essência do seu diálogo pessoal com A. Schopenhauer: "Direi francamente que, na minha própria experiência de vida, cheguei a um ponto em que só a sua filosofia me pode satisfazer e determinar o curso dos meus pensamentos. Pelo facto de ter aceite sem hesitação todas as suas verdades muito, muito sérias, fui resolutamente ao encontro das mais profundas indagações do meu próprio ser." E embora Schopenhauer tenha conduzido o meu pensamento por um novo caminho, diferente do anterior, deve ser dito que todo este fascínio por ele é bastante consistente com o *sofrimento* inerente em mim, *harmonizando-se com o sofrimento do mundo"* [itálico meu - *O. Sh.*] [12, p. 192]. Nas entradas do diário de R. Wagner (a partir de 1 de outubro de 1858), encontramos as reflexões do compositor sobre as ideias de sofrimento e compaixão, amor, alegria e co-alegria interligadas na sua consciência. Ele vê a verdadeira causa do seu tormento na impossibilidade de se desligar completamente da vida e das aspirações da existência terrena. Ao mesmo tempo, R. Wagner assusta-se com o facto de a prosperidade material ser o objetivo principal, porque os ricos, na sua opinião, não podem ser considerados pessoas verdadeiramente felizes, mas há um sentimento de contentamento no seu comportamento e na sua perspetiva, que repele completamente o compositor do seu modo de vida. Ele simpatiza mais com as classes mais pobres da sociedade, despertando compaixão na sua alma. A compaixão em si, como sublinha o compositor, não é condicionada pelas "características individuais da pessoa que sofre" [12, p. 246]. [12, c. 246]. O amor, pelo contrário, permite que uma pessoa se eleve "à co-alegria, e só partilhamos a alegria de uma pessoa se as suas características individuais forem altamente agradáveis e relacionadas connosco" [ibid]. [ibidem]. Aqui também escreve sobre uma natureza elevada, que está próxima das suas próprias aspirações: "Uma natureza elevada é o que é, precisamente porque através do seu próprio sofrimento se elevou à abnegação, ou porque retém e desenvolve em si a inclinação para tal feito. Ela está diretamente próxima de mim, igual, e com uma natureza assim posso ter uma co-gozação comum" [12, p. 248]. [12, c. 248]. E este sentido de co-gozo é derramado no Liebestod de Wagner, repleto da maior abnegação e paz espiritual ao mesmo tempo, refletido na perceção do destinatário que capta o

significado das obras operáticas do génio de Bayreuth.

Voltando à reflexão do compositor, podemos concluir que a ideia metafísica da imortalidade está diretamente ligada, na sua consciência, à superação do sofrimento através de um intenso confronto com forças superiores, a morte, conduzindo ao mais alto estádio de auto-conhecimento interior. Em vários períodos do seu desenvolvimento artístico, o compositor retirou essas ideias de uma variedade de fontes mitológicas, religiosas, lendárias e artísticas. A unidade do sofrimento espiritual e físico é revelada nas imagens dos heróis de Wagner, Tristão e Amfortas. Não é por acaso que estas personagens são conceptualizadas pelo compositor numa única chave contextual. A prova disso está nas suas memórias, onde o compositor recorda o processo de criação do libreto de Tristão: "No último ato incluí um episódio que, no entanto, não utilizei: em busca do Graal, Tristão é visitado por Parsifal. Ferido e pronto para morrer, Tristão é identificado no meu esboço com Amfortas, da narrativa romântica sobre o Graal" [11, p. 246]. [11, c. 246]. Ambas as personagens experimentam uma desarmonia aguda, dor, um sentimento de falta de liberdade, um conflito entre a realidade e aquilo que o seu eu interior ambiciona, mas o seu sofrimento é uma condição necessária para ascender e encontrar a paz - a tão desejada harmonia, a paz espiritual, a libertação duramente conquistada das trágicas colisões da existência.

Estes significados estão profundamente enraizados na experiência cultural e histórica da humanidade, uma vez que o sofrimento forma um todo com o processo da própria vida. No budismo, a roda do samsara, que atrai a natureza e a humanidade para a sua corrida sem fim, é um símbolo que une estes princípios. A vida e o sofrimento são indissociáveis da compreensão do mundo, da perfeição espiritual e do auto-conhecimento. Recordemos, por exemplo, a árvore bíblica de dois valores, a da vida e a do conhecimento, de cujo fruto o homem cai em pecado e experimenta um pesado destino de sofrimento. Assim, a pecaminosidade e os tormentos da existência terrena aparecem no Antigo Testamento no contexto de relações de causa e efeito, formando uma cadeia semântica: conhecimento $\rightarrow$ pecado $\rightarrow$ sofrimento. A perceção do processo ontológico na perspetiva da queda pecaminosa é determinada pela oposição polar da luz e das trevas, pela absolutização do bem e do mal.

Wagner voltou-se para a doutrina budista no período maduro da sua obra, concretizando a ideia de abnegação que lhe é inerente na ópera Tristão e Isolda, na tetralogia O Anel dos Nibelungos, no mistério Parsifal e no poema dramático A Vitoriosa. No entanto, não podemos falar de uma adesão incondicional a uma determinada doutrina filosófica ou religiosa, uma vez que a consciência artística do compositor se caracteriza pela acumulação de informações multidimensionais através do prisma de uma visão do mundo distinta, original e auto-desenvolvida: várias fontes impulsionaram o pensamento do compositor e contribuíram para o aprofundamento dos arquétipos constantes da criatividade que se tinham desenvolvido na década de 1940. Por exemplo, Parsifal, a última obra de Wagner, está intimamente ligada não só ao mistério cristão, mas também à visão do mundo budista: juntamente com a semântica do toque dos sinos, do coral e da Eucaristia, é possível discernir a ideia budista de compaixão por todos os seres vivos, a imagem do cisne é tratada como um animal sagrado; a superação da sensualidade está associada à castidade cristã e ao nirvana budista.

Mas o sentido do sofrimento encontra-se também na luminosa visão helénica do mundo, aparentemente distante do ascetismo budista e cristão. O destino e a fatalidade, que implicam naturalmente uma luta feroz, o tormento e a morte, determinam a originalidade da imagem mitológica do mundo; a submissão ao destino, a impossibilidade de ultrapassar o destino do mundo determinam a tragédia da visão do mundo da época. Um exemplo de um herói mitológico é Wotan, que sente a inseparabilidade do seu próprio sofrimento com o destino do mundo; o drama pessoal da divindade antropomórfica ressoa com a dor do mundo; graças ao tormento espiritual, que ativa a sua busca interior, eleva-se a estádios cada vez mais elevados de auto-conhecimento.

Um exemplo vivo da compreensão da tragédia da existência, que é condicionada pela consciência da sua imperfeição, pode ser o diálogo de Platão sobre a morte de

Sócrates. No diálogo "Fédon", Sócrates, diante da morte, revela o sentido mais elevado da existência, que não está na morte material, mas na existência espiritual do homem. [1]O filósofo discute o agradável e o doloroso, a impossibilidade do suicídio, uma vez que o homem, estando sujeito à vontade dos deuses, não tem o direito moral de se privar da vida, reflecte sobre a sua própria aspiração a uma existência póstuma, mais perfeita, sobre a cura espiritual, que surge no momento da passagem para o outro mundo. Em muitos aspectos, o antigo filósofo grego antecipa a visão cristã do mundo, mas a espiritualidade, que ele concebe como algo muito acima do transitório e mortal, continua a ter um significado diferente, desprovido do antagonismo cristão em relação ao mundo sensual. Em Platão, o renascimento interior está associado ao nascimento da essência imortal na alma humana "eu", que é possível devido ao pensamento e à criação como manifestações do mais elevado no homem, devido às potências espirituais que contribuem para a cognição profunda e o auto-conhecimento, o enriquecimento mútuo no processo de comunicação interpessoal.

Uma vida interior rica, cheia de alegrias e tormentos, enriquece o ser humano: a este respeito, recordamos as reflexões de R. Wagner sobre a natureza elevada, que ele considera igual a si próprio. Esta ideia aplica-se plenamente ao diálogo "Phaedon" de Platão, mas corresponde em grande medida ao espírito das antigas tragédias gregas, que serviram para Wagner como protótipo da arte do futuro. Conduzido pelo destino através da luta e do tormento, o herói trágico, lutando por um objetivo nobre, perece no esforço de toda a sua força interior, despertando a mais profunda compaixão do público. Eurípides, Virgílio, Sófocles, Ésquilo e Homero revelaram a Wagner os encantos da cosmovisão helenística; Shakespeare, Goethe e Schiller revelaram ao compositor as novas formas de desenvolvimento da arte teatral no aspeto da continuação das tradições clássicas. Vejamos as reflexões de R. Wagner na sua obra "The Work of Future Art", onde o compositor discute o significado da morte de uma personagem como a conclusão lógica das colisões de uma composição artística: "Para

---

1 Os budistas têm uma atitude diferente em relação ao suicídio. O objetivo desta doutrina religiosa e filosófica é acabar com a série interminável de renascimentos. Se uma pessoa se mata, na próxima vida terá de se encontrar numa situação semelhante, tudo se repetirá de novo, pelo que o suicídio não faz sentido. Para acabar com o sofrimento, é preciso seguir os princípios ordenados por Buda (o caminho óctuplo).

a arte dramática, o tema mais apropriado e mais digno de representação parece ser uma ação que termina simultaneamente com a vida do protagonista, que recebe a sua verdadeira conclusão com a conclusão da vida desta pessoa" [8, p. 249]. [8, c. 249]. O compositor alemão revela as razões e a necessidade de um tal fim num drama musical: o protagonista "<..> só nos convence irrefutavelmente quando perece realmente no esforço de todas as suas forças, quando o seu drama pessoal está subordinado à necessidade do seu ser; quando nos prova a verdade do seu ser não só pelas suas acções - que nos podem parecer arbitrárias enquanto ele actua - mas também pelo sacrifício da sua personalidade" [ibid.] [ibid.].

Desde a antiguidade, o tormento foi considerado não só como um triste destino, mas também como um teste natural no caminho da ascensão espiritual, do auto-aperfeiçoamento interior. Encontramos uma situação semelhante na obra de R. Wagner, a partir das suas óperas da década de 40: a angústia mental do Holandês Voador, de Tannhäuser e, mais tarde, de Tristão, Wotan, Kundry e Parsifal serve de catalisador para a sua busca interior que conduz à redenção. Este mitologema é condicionado pelos pré-requisitos profundos da experiência cultural e histórica: a tragédia grega antiga e vários ramos da consciência religiosa retratam a ligação antigamente realizada entre a busca espiritual e a verdadeira existência do homem; a insatisfação interior está intimamente ligada às antinomias da liberdade e da necessidade, da imortalidade e do fim da vida. Na dramaturgia das óperas de Wagner, a morte é interpretada não como a destruição inevitável do invólucro físico, mas como "vida para além do túmulo", sinal de redenção e libertação, de superação da tragédia da existência, de iluminação e de ascensão póstuma do espírito.

Recordemos também as reflexões de R. Wagner, segundo as quais os ricos o repelem com o seu contentamento e ele está mais próximo da natureza elevada, inclinada à abnegação. Neste contexto, surge uma analogia com a visão cristã do mundo. Vem-me à mente o famoso ditado: "É mais fácil um camelo passar pelo buraco de uma agulha do que um rico entrar no reino dos céus". De acordo com a lenda indiana, Buda era um filho da realeza que recebeu uma óptima educação, mas aos 29 anos deixou o palácio para partir numa viagem longínqua. O objetivo desta viagem era o conhecimento e a descoberta de si próprio. Na obra de R. Wagner, encontramos muitas personagens que cumprem o caminho do conhecimento no sentido físico e metafísico: o Holandês Voador, Tannhäuser, Siegfried, Wotan, Parsifal.

A peculiaridade da interpretação de R. Wagner da ideia de redenção (que no cristianismo foi pensada como uma garantia de vida eterna paradisíaca) reside no facto de a ter correlacionado não só com o amor sacrificial e a busca espiritual, mas também com a alegoria. A peculiaridade da interpretação de Wagner da ideia de redenção (que no cristianismo era pensada como garantia de vida eterna paradisíaca) reside no facto de ele a ter correlacionado não só com o amor sacrificial e a busca espiritual, mas também com a figura alegórica da deusa da Revolução, que marca a queda do velho mundo e o nascimento do novo a partir dos seus destroços: "Ela vem nas asas da tempestade com a fronte erguida, iluminada pelo brilho dos relâmpagos, com uma espada na mão direita e uma tocha na esquerda, com olhos sombrios, frios e punitivos, mas com olhos que irradiam o brilho do mais puro amor para aqueles que ousam olhar para esses olhos escuros à queima-roupa" [9, p. 41]. [9, c. 41]. P. Wagner sonhava com a reorganização social, com a prosperidade universal, mas, antes de mais, na sua mente estava impressa a imagem de uma revolução ideal, que é chamada, apontando para a era da igualdade universal, a criar um "paraíso na terra" e, ao mesmo tempo, uma nova união das artes, o fenómeno da obra de arte perfeita do futuro. À frente deste movimento, vê Cristo e Apolo. Embora a atitude do compositor em relação ao cristianismo não fosse tão inequívoca como em relação à beleza da Antiguidade, como se pode depreender do panfleto Arte e Revolução, é o Messias cristão que ele interpreta como o arauto da fraternidade mundial assente numa base moral profunda. Resumindo as suas reflexões sobre o tema da revolução (reforma) na arte, escreve: "Assim, Cristo mostrou-nos que nós, homens, somos todos iguais e irmãos; Apolo imprimiu de poder e beleza esta grande associação fraterna e conduziu o homem, duvidando da sua dignidade, à consciência do seu mais alto poder divino" [8, p. 141]. [8, c. 141]. As ideias do compositor sobre a transformação social, cuja implementação R. Wagner, no final dos anos 40, pensou como uma revolução que conduziria a uma nova era de amor e compreensão mútua, permite-nos completar a cadeia semântica, apresentando-a como uma espécie de análogo do apocalipse mundial, quando os grãos serão separados do joio. Ao mesmo tempo, no cristianismo, o advento da justiça superior será precedido por um quadro terrível de destruição e de desmoronamento do mundo pecador, que culminará no triunfo da vida eterna na sua compreensão paradisíaca (segundo o Apocalipse de São João, o Teólogo).

Em relação à ideia de revolução, devemos mencionar o fator da intersecção do nome de R. Wagner com a cultura russa. Entre os factos biográficos significativos, destaca-se o conhecimento do compositor com Mikhail Bakunin e o seu diálogo, que, em muitos aspectos, serviu de impulso para as reflexões de Wagner. Como grande artista reformador, Wagner sonhava com a reorganização da arte e com a criação de uma comuna - uma comunidade de indivíduos criativos, que contribuísse para o crescimento do potencial espiritual dos seus concidadãos (a utopia socio-estética do compositor). Existem ainda outros pontos de contacto entre as duas culturas, ligados a certos paralelismos figurativos com a literatura russa. A compreensão da revolução como uma redenção apocalíptica que transforma e renova o mundo à custa do colapso da velha ordem social, quando o derramamento de sangue, a morte e a destruição são inevitáveis, une a obra de R. Wagner ao poema de A. Blok Os Doze. É indicativo o facto de o próprio título da obra apelar ao simbolismo numérico cristão. No Apocalipse de João, o Teólogo, a Jerusalém celeste é descrita da seguinte forma: "tem um grande e alto muro, tem doze portas e sobre elas doze anjos, nas portas estão escritos os nomes das doze tribos dos filhos de Israel: do oriente três portas, do norte três portas, do sul três portas, do ocidente três portas; o muro da cidade tem doze fundamentos, e neles estão os nomes dos doze apóstolos e do Cordeiro" [Apocalipse 21: 12 - 12 - o Cordeiro]. [Apocalipse 21: 12 - 14]. Na sua revelação poética (é assim que podemos caraterizar a obra do poeta russo na perspetiva da escatologia cristã), A. Blok vê um quadro fascinante e ao mesmo tempo assustador da revolução, à frente da qual vê Cristo "com uma coroa branca de rosas" e os doze apóstolos. Aqui há paralelos óbvios com R. Wagner. Não é por acaso que A. Blok chama ao grandioso ciclo de ópera de Wagner "tetralogia social" [citado em: 23, 23, 23]. A. Blok chama ao grandioso ciclo de óperas de Wagner "tetralogia social" [citado em: 23, 23, p. 113], captando nele o espírito da época, pensando-o como parte das visões políticas do compositor alemão, que exprimiu na obra "Arte e Revolução". Assim, Wagner, o revolucionário, estava próximo de Blok, o artista, com os seus pontos de vista social-cristãos.

A tragédia do poder supremo, a "solidão do líder", um reformador cujas ideias não eram do agrado de muitos, é mostrada no romance de V. Merezhkovsky, Juliano, o Apóstata. Os bons motivos do chefe do poder romano, que se esforça por reviver a antiga grandeza do Estado, chocam com as realidades históricas, o que leva à formação de um fosso espiritual entre o governante e o povo. Há também um mal-entendido com o seu ambiente imediato, que anteriormente o tinha apoiado. O escritor russo centra-se nas ideias de contrarrevolução, conspiração política, volatilidade do sentimento político e empenhamento popular. V. Merezhkovsky reflecte sobre o encanto da visão helenística do mundo, que se perdeu irremediavelmente, sobre o espiritualismo e o ascetismo cristãos, a intolerância dos cristãos em relação às outras religiões e o erotismo. Ao mesmo tempo, mostra os pontos de contacto entre as duas épocas, revelando a dualidade da própria alma de Juliano. Todas estas circunstâncias permitem-nos equiparar este romance à busca espiritual de R. Wagner, que se ocupou constantemente de temas semelhantes. Recordemos a personagem-título da ópera Rienzi, a sua aspiração a reviver a antiga grandeza de Roma e a sua amarga solidão quando a sua irmã Irena se revela a sua única companheira fiel. Por outro lado, há a oscilação de Tannhäuser entre as tendências vectorialmente diferentes da vida sensual e da vida espiritual, que simbolizam os dois pólos da alma do herói, actualizados através da referência a imagens arquetípicas como a deusa romana do amor sensual e da beleza, Vénus, e a imaculada Virgem Maria. A reflexão do compositor regista as suas constantes meditações sobre a dialética do cristianismo e do paganismo e a sua compreensão profundamente pessoal deste tema. P. Wagner justapõe e contrasta invariavelmente estas duas épocas da história humana, muitas vezes não a favor do cristianismo, no qual vê as condições prévias da hipocrisia humana. O mistério do percurso de

Juliano, o Apóstata, está ligado à perda de pontos de referência espirituais, porque, embora sonhando com o renascimento do paganismo, não está completamente livre dos ideais cristãos, o que provoca contradições irreconciliáveis na sua alma. Wagner, pelo contrário, reflecte sobre o tema da religião do futuro, que concebe como a unificação dos princípios cristãos e apolíneos. O compositor dá vida a esta ideia na explicação do programa do autor para a abertura de Tannhäuser, que conclui com um resumo metafórico: "E os dois elementos anteriormente separados, espírito e sensualidade, Deus e natureza terrena, fundem-se num único beijo sagrado de amor" [1, p. 58]. [1, c. 58]. Recordo que o compositor expressou uma ideia semelhante na sua brochura "Arte e Revolução" - a necessidade de transformar a sociedade no espírito da união dos princípios cristãos e apolíneos.

Sendo uma condição necessária para a ilimitação do finito humano, o amor supera tudo, até a morte (esta ideia está em consonância tanto com a Antiguidade como com o Cristianismo). O antigo mito de Orfeu e Eurídice revela a intensa oposição entre o amor e a morte. No entanto, na consciência helénica, não existe apenas uma separação, mas também uma combinação destes conceitos. No diálogo "O Banquete", de Platão, a ideia de que o homem procura a imortalidade, ou seja, a continuação de si próprio nos filhos, nos alunos, a manifestação do potencial espiritual na criatividade, graças à qual o nome do criador permanece na memória das gerações futuras, é consistentemente apresentada. Esta compreensão da ideia de imortalidade é definida pelo antigo filósofo grego pelo conceito de Eros, considerado por ele como a aspiração à verdade, à perfeição, à criação.

Para além dos maravilhosos, segundo o próprio R. Wagner, diálogos de Platão, entre os quais destaca "O Banquete" [11, p. 10], o compositor sempre se preocupou com os motivos evangélicos. No Evangelho, a ideia de imortalidade recebe uma refração ligeiramente diferente em relação à Antiguidade, embora não devamos distinguir completamente estes períodos históricos, pensá-los como antíteses absolutas. Na consciência cristã, Amor, Morte e Eternidade conjugam-se num único conjunto semântico: a morte não aparece como o nada, mas como a alteridade, que dá a possibilidade de transição dos justos e dos pecadores verdadeiramente arrependidos para a esfera da existência perfeita. A morte não é o fim da existência, mas apenas o término da presença terrena perecível, uma vez que ela não corta a vida da alma imortal. Nas Sagradas Escrituras, Jesus diz: "Mas Deus não é Deus de mortos, senão de vivos" [Lc 20,38], referindo-se à possibilidade da existência eterna através de um grande sacrifício. O Santo Apóstolo Paulo escreve: "Cristo ressuscitou dos mortos, o primogénito dos mortos <...> Como em Adão todos morrem, assim em Cristo todos serão vivificados" [1 Coríntios 15: 20; 20]. [1 Cor. 15: 20; 15: 22]. Com a sua morte, passando à imortalidade, ele dá à humanidade redimida a esperança da ressurreição, apontando para a possibilidade de uma vida eterna no paraíso; segundo o hino da Páscoa, "Cristo ressuscitou dos mortos, tendo morto e dado vida aos que estão nos túmulos!

O Messias cristão é um símbolo de moralidade, que revelou o ponto de viragem das normas morais e éticas universais: não é por acaso que existe uma divisão da história mundial - antes e depois do nascimento de Cristo. O significado dos acontecimentos sagrados na formação da auto-consciência da humanidade é inegável. Sofrimento e Amor formam um todo inseparável no mistério cristão; os sofrimentos de Jesus na cruz estão inseparavelmente ligados ao infinito Amor de Deus, sendo um testemunho da suprema Misericórdia Paternal para toda a humanidade redimida e um sinal da Verdade espiritual imperecível. Os sofrimentos de Cristo, que aparece na Escritura como vítima inocente, permitem acreditar na eternidade, vencer a morte, alcançar a imortalidade, porque o Cordeiro de Deus tomou sobre si todos os pecados da humanidade, a partir da queda de Adão.

O cristianismo parece ser iluminado a partir do seu interior pela emoção da compaixão. A ideia de empatia pode ser encontrada já nas antigas tragédias gregas: A catarse nasce como resultado da empatia com o herói, cujo destino evoca uma resposta emocional ativa no público. A compaixão é o oposto do egoísmo. A este respeito, a ética filosófica de Schopenhauer pode ser apresentada como um elo que une a tragédia antiga, o cristianismo e o budismo. O filósofo alemão acreditava que todo o amor verdadeiro e puro, Ágape, catarse é sempre compaixão. Eros, como outra faceta do amor, é interpretado por ele como egoísmo, amor-próprio. Através do prisma da doutrina de Schopenhauer, delineia-se o eixo da mundividência da consciência artística de R. Wagner, que reside na ideia de morte e imortalidade.

Eros e Ágape aparecem como dois tipos de amor, tanto na psicologia do indivíduo como como símbolo da cosmogonia mundial, da misericórdia suprema. Na tragédia antiga, a catarse é compaixão, purificação, libertação de movimentos mentais doentios, libertação emocional através da contemplação de fenómenos universalmente significativos. O espetador eleva-se acima dos sentimentos e motivações individuais para o nível dos afectos que são universais no seu significado. O cristianismo está associado à misericórdia, Ágape, sobornost, empatia ativa. A compaixão é inerente ao budismo, mas aqui tem um carácter diferente, mais passivo, expresso na não atribuição do mal. A negação da vontade de vida por Schopenhauer está em harmonia com o nirvana budista, que é considerado nesta doutrina como o cume do auto-conhecimento moral, e até certo ponto ecoa o ascetismo monástico cristão.

A empatia é um sentimento edificante associado ao mundo interior, espiritual e anímico. A este respeito, recordemos as imagens de Senta e Elisabeth, imbuídas da angústia de um pecador sofredor. Tannhäuser enveredou pelo caminho da redenção através da simpatia para com o anjo donzela, que derramou lágrimas de dor e desespero, e alcançou a libertação do pecado em resultado do choque (inconcebível sem empatia) ao encontrar o cortejo fúnebre com o corpo de Elisabeth. Na sua forma mais generalizada, a ideia de compaixão é apresentada no drama-mistério que coroa a carreira de R. Wagner. Parsifal sentiu subitamente empatia por Amfortas, o que o impediu de sucumbir à tentação (um momento de discernimento espiritual).

A misericórdia é a mais elevada capacidade humana, que encontra expressão absoluta no cristianismo. O budismo carece de uma compreensão da empatia ativa. A imagem de Cristo está associada à dor mais profunda (mental e corporal) e suscita a compaixão através dos pormenores que constituem o mistério dos quatro Evangelhos.

Quão humana é a angústia de Jesus, que implora ao Senhor que deixe passar este cálice e, no entanto, está disposto a bebê-lo até ao fim, se for essa a vontade do Pai celeste. Depois de ter experimentado a amargura da traição e do escárnio, Ele, atormentado pelas dores da cruz, gritou: "Meu Deus, Meu Deus, porque Me abandonaste?" [Mc 15, 34].

A imagem do Salvador sofredor estava próxima da busca espiritual de R. Wagner, que pensava que a compaixão era a manifestação mais elevada da moralidade e da natureza humana. A ideia cristã permeia todo o legado criativo do compositor. A imagem sacral de Cristo é diretamente refractada nos esboços para o drama Jesus de Nazaré; no drama de mistério Parsifal, o seu rosto sagrado é captado desta vez nas mentes dos cavaleiros do Graal - mártir, sacrificial, trazendo redenção e libertação. A imagem de Cristo reflecte-se na memória de Kundry, despertando na sua alma a angústia da consciência e o desejo de se libertar das cadeias da volúpia.

As raízes do significado da imagem da compaixão na obra de Wagner (na sua refração cristã) encontram-se nas experiências de infância do compositor, sobre o qual as ideias evangélicas tiveram uma profunda influência. O mestre de Bayreuth levou a sua atitude cuidadosa em relação às imagens e rituais sagrados ao longo de toda a sua vida, até à criação do drama de mistério que coroou a sua carreira criativa. Recordando a Eucaristia, um rito que teve lugar na Páscoa de 1827, o compositor escreve nas suas memórias que, nessa altura, ele, que tinha estado recentemente a olhar com dolorosa paixão para a imagem do altar na igreja e a sonhar, em êxtase orante, em tomar o lugar do Salvador na cruz, tinha perdido um respeito tão reverente pela autoridade da igreja. No entanto, algo de muito diferente se passava nas profundezas da sua alma durante o próprio sacramento da igreja: "<..> começou o ato da distribuição da sagrada comunhão, os coros começaram a cantar, o órgão tocou, e todos nós, os crismandos, nos movemos em procissão à volta do altar. A emoção que me tomou no rito da Eucaristia ficou tão profundamente gravada na minha memória que, receando não voltar a encontrar em mim tal estado de espírito, nunca mais fui à comunhão" [10, p. 56]. [10, c. 56].

O rosto santo de Jesus nos esboços para o drama e as ideias transportadas pelos heróis redentores Senta, Elisabeth, Brünnhilde e Parsifal são uma encarnação natural de um diálogo interno, inerentemente pessoal, com motivos evangélicos no âmbito da criação de mitos do compositor. A regularidade de tal julgamento baseia-se no facto de o próprio compositor ter pensado em símbolos religiosos geralmente significativos no âmbito da arte - "a arte como um 'jogo de significação' liberta estes símbolos da sua seriedade dogmática" (conversa de Wagner com Cosima de 28 de abril de 1880, registada nos diários da mulher do compositor). [citado em: 45, p. 22].

A consciência religiosa está associada à ideia de existência para além do mundo terreno; é o fundamento essencial da visão do mundo do cristianismo e do budismo. Ao longo da sua evolução criativa, Wagner sonhou com o renascimento espiritual da humanidade, concebido como transcendendo os limites da realidade sensual. O seu ideal era a ação sacrificial de Cristo e a abdicação dos benefícios da existência terrena do santo asceta Buda, que aspirava ao nirvana. A consciência religiosa do cristianismo e do budismo define-se pela espiritualidade, pela rejeição das ilusões da existência mortal.

Buda (sânscrito "bodhi") significa despertar do sono da ignorância. Em tibetano, Buda soa como "sang gye". "Sang" significa totalmente purificado ou desperto e "gye" significa aberto [6]. A cognição do Parsifal de Wagner também pode ser caracterizada como um despertar do sono da ignorância, a libertação dos grilhões da ignorância, que tem várias etapas: o assassinato do cisne, o arrependimento, a iniciação no sacramento da Eucaristia, a angústia mental com a notícia da morte da sua mãe abandonada, a tentação sensual e corporal, a empatia com Amfortas e a abnegação, o ascetismo, a santidade.

A crença na vida após a morte já existia no período pré-cristão, mas é o cristianismo que coloca plenamente o problema do comportamento moral como critério para o destino póstumo da alma. A ideia de morte e de ressurreição encontra-se na Antiguidade. Assim, na tragédia "Alkesta", de Eurípides, o amor sacrificial da heroína vence a morte, porque até os pais de Admet se recusaram a ir ao túmulo por ele. Platão cita este ato como exemplo, argumentando que só aqueles que se amam estão dispostos a morrer um pelo outro, a sua devoção mútua pode ser mais forte do que o amor dos parentes de sangue. O antigo filósofo grego vê neste ato um fundo moral profundo:

"<...> esta sua façanha foi aprovada não só pelo povo, mas também pelos deuses, e se da multidão de mortais que realizaram belos feitos, os deuses só deram a alguns o honroso direito de devolver a alma do Hades, deixaram sair de lá a alma dela, admirando o seu feito" [31, p. 127]. Relacionada com a ideia de cura e ressurreição está a figura do curandeiro Asclépio - o filho do deus Sol Apolo, que Zeus atingiu com um raio para a ressurreição dos mortos. A analogia com o cristianismo nestes exemplos surge através das ideias de luminosidade, cura e superação do fim da vida, apontando para a ideia de imortalidade. O moribundo Sócrates, no diálogo "Fédon" de Platão, sentindo a frieza da morte constrangedora, informou aos seus enlutados sobre a sua cura na passagem para o outro mundo: "Devemos a Asclépio um galo" [31, p. 414]. [31, c. 414]. O seu dito tem um significado profundo - a necessidade do sacrifício como sinal de conquista da saúde - as últimas palavras do filósofo, que à primeira vista encerram um paradoxo, porque não têm um significado mundano, tipicamente vulgar, mas um significado misterioso associado a ideias sobre a eternidade.

Nos mistérios egípcios, a ideia de imortalidade está ligada ao culto de Osíris, à compreensão mitológica do ciclo dos fenómenos da natureza; este deus é a personificação do reino dos mortos e da fertilidade. Vem-me à mente os versos do poema de M. Wesendonk "na morte a semente de uma nova vida" (traduzido por V. Kolomiytsev), que serviu de base à canção "Mourning" do ciclo vocal de R. Wagner "Five Poems by Mathilde Wesendonk".

Segundo os mitos egípcios, foi um herói e rei do Egipto. O seu astuto irmão Seth tirou-lhe a vida, mas a sua devota esposa e irmã Ísis ressuscitou-o. O culto de Osíris está ligado ao culto da agricultura, no âmbito do qual as ideias de morte, ressurreição e imortalidade são condicionadas pela compreensão dos princípios primordiais mais importantes da existência. O fim do ciclo é uma parte integrante da renovação da natureza, uma manifestação da periodicidade eterna. Os marcos da filogénese (nascimento → formação → extinção → morte → aspiração a uma nova vida, continuação de si mesmo nos filhos) repetem-se em cada nova geração. Já na Antiguidade se notava uma analogia entre a existência humana e a ontologia do universo.

Na consciência arcaica, as ideias de nascimento, morte e renascimento estavam associadas aos fenómenos diários observados do nascer e do pôr do sol, que se pensava estarem unidos ao ciclo da existência, onde os períodos de mudança interminável se sucedem. O conteúdo figurativo e semântico da quarta canção do ciclo vocal de R. Wagner para o poema de M. Wesendonk "Sorrow" / "*Schmerzen*" na unidade dos componentes poéticos e musicais é definido pela interpretação filosófica do arquétipo: tristezas e alegrias são entendidas pelo herói lírico em unidade com o ciclo solar, a existência natural. O despertar matinal da natureza e o pôr do sol da luminária celeste, simbolizando o nascimento e a morte, estão associados a experiências profundamente pessoais, reflexos de uma pessoa sofredora e de sentimentos finos. O herói lírico é confrontado com realidades sociais cruéis, colisões trágicas da existência, mas acredita firmemente que "a felicidade amadurece num mar de lágrimas" (traduzido por V. Kolomiitsev).

Para além da constância dos seus pontos de vista, é de notar a sua evolução na consciência artística do compositor, que se voltou para o budismo no seu período criativo maduro. A natureza da sua atitude em relação às imagens budistas é evidenciada por um facto biográfico no diário do compositor. Uma certa Condessa A. enviou a R. Wagner uma pequena estatueta chinesa representando Buda. O compositor ficou profundamente desgostoso com a visão da estátua, o que, no entanto, não contradizia de forma alguma a sua atitude reverente para com a própria doutrina budista: "Quanto trabalho se deve fazer para nos protegermos de tais impressões neste mundo exaustivo e para preservar a pura contemplação do ideal de todas as perversões. Aqueles que não são dados a elevar-se ao nível do ideal e do nobre tendem a apresentá-lo numa imagem real, isto é, a mostrar a sua máscara caricatural. Mas eu consegui, apesar da caricatura chinesa, conservar para mim, com toda a pureza, o filho de Sakkiya, o Buda. [12, c. 251 - 252]. Recordemos as reflexões de R. Wagner sobre o cálice do Graal e o desejo humano de representar tudo o que é supra-sensual em imagens visuais sensuais, incluindo a fonte sobrenatural do amor. No comentário à ópera "Lohen-grin", Wagner escreve sobre isso, contrastando-o com a realidade real: "No meio de <..> preocupações monótonas, a eterna sede de amor despertava nos corações humanos; quanto mais persistente e ardente essa sede se tornava sob o peso da realidade, menos oportunidades havia para a saciar nessa realidade" [1, p. 58]. [1, c. 58]. É assim que o símbolo do Santo Graal - "existente, mas inatingivelmente distante" - lhes aparece [ibid.], que é a verdade compreendida pelo amor celeste.

O domínio da literatura indiana ajudou o compositor a conhecer-se a si próprio, a compreender a sua própria busca espiritual. O conceito central do Budismo é o nirvana - o objetivo último do caminho espiritual, a abnegação suprema. Nirvana significa extinção, desvanecimento. O pólo oposto é o samsara, que, por sua vez, tem duas interpretações: o ciclo da existência, incluindo as reencarnações, e a limitação do espírito. O nirvana indica a libertação da infinidade de mortes e nascimentos, um estado iluminado, a purificação do sofrimento profundo. O nirvana é a verdadeira paz, o verdadeiro repouso sem movimento, sem agitação da vida e sem emoções destrutivas.

No entanto, coloca-se a questão: o que significa o nirvana - inexistência completa ou transição para uma nova fase da existência? E aqui vemos uma situação mais complicada do que no cristianismo, que sem dúvida fala da "vida eterna", da imortalidade da alma, da ressurreição e do renascimento da humanidade redimida. O nirvana está associado à abnegação, à imersão em si mesmo, à renúncia às paixões, à supressão da sede de vida, que conduz ao desprendimento absoluto. O estado de nirvana pode ser alcançado tanto em vida como postumamente através da fusão com o mundo Brahma; neste caso, o "eu" individual como que se "dissolve" no cosmos universal. O nirvana está ligado ao processo de perfeição espiritual, e também neste aspeto vemos uma profunda afinidade entre as duas religiões, uma vez que a virtude cristã está intimamente ligada à formação das qualidades interiores do homem. De acordo com a sabedoria budista, o estado de nirvana não pode ser adequadamente descrito em palavras, mas só pode ser experimentado. O caminho traçado nos ensinamentos de Buda conduz à perfeição, mas cada um dos discípulos deve percorrê-lo de forma autónoma.

A regularidade da interpretação da ópera "Parsifal" através do prisma das ideias budistas é confirmada pelo enredo e pelas sobreposições semânticas com os esboços de Wagner do poema dramático budista "O Vitorioso". O wagnerólogo francês A. Lishtanberger escreve que este esboço esboça claramente o enredo de "Parsifal", mas numa versão hindu: "Ponha no lugar do dogma budista do nirvana o dogma cristão da renúncia, no lugar da comunidade de Buda - a irmandade dos cavaleiros do Graal, no lugar do asceta Ananda - o "simplório de coração puro" Parsifal, no lugar da apaixonada Prakriti - Kundri, e obterá em quase todos os traços essenciais do drama "Parsifal"" [21, p. 42]. [21, c. 427]. A base de "Os Vencedores" é o enredo de uma lenda, que R. Wagner encontrou no livro de E. Bürnuf "Introdução à História do Budismo Indiano". O enredo do poema dramático é o seguinte: Prakriti rejeitou o amor do chefe da tribo Chandal e, por isso, nasceu uma rapariga Chandal na sua nova vida, para experimentar a amargura do amor não correspondido (retribuição igual, uma espécie de "boomerang da vida"). Prakriti é naturalmente vista como um protótipo de Kundry, mas a rapariga indiana paga pelo seu único pecado na sua vida passada, não actuando como uma generalização da Feminilidade, como a heroína de um drama de mistério de Wagner. De acordo com as memórias do compositor, na lenda indiana interessava-lhe o motivo da vida dupla, quando a vida passada é sentida como uma realidade incondicional, influenciando o presente e exigindo uma decisão no futuro. Wagner escreve: "Perante o olhar espiritual do Buda, a vida dos seres que ele encontra em todos os seus nascimentos passados é revelada com tanta clareza como o seu presente. Uma mera lenda recebe o seu significado pelo facto de as vidas passadas dos actores sofredores serem trazidas, como algo imediatamente contemporâneo, para a nova fase do seu ser. Apercebi-me imediatamente de como o motivo musical sonoro da vida dupla poderia ser transmitido, e foi isso que me levou a insistir na ideia de criar "Os Vencedores" com particular afeto [2][11, p. 273] .

Passando às anotações do diário de Wagner, podemos encontrar outro importante ponto de contacto entre as obras em análise, que se situa na interpretação da natureza da Feminilidade: a 5 de outubro de 1858, o compositor relata a intenção cognitiva que surgiu quando leu a história da religião de Buda de Kep Pen. A nova fonte permitiu ao compositor aprofundar a sua própria visão das suas imagens favoritas, descobrir um traço que não tinha sido notado antes, o que o ajudou a tirar conclusões sérias: "Eis este traço: no início, Sakkiya-Muni opunha-se fortemente à admissão de mulheres na comunidade dos santos. Ele exprime repetidamente a convicção de que as mulheres, por natureza, são demasiado subordinadas às tarefas da raça, demasiado dependentes dos seus humores, demasiado sujeitas ao egoísmo e às exigências da vida pessoal, para se concentrarem e se entregarem às amplas contemplações que libertam a individualidade das suas tendências naturais e conduzem à redenção". [12, c. 252]. Ananda, o discípulo favorito de Buda, conseguiu persuadir o mestre a abandonar a sua dureza e a permitir o acesso das mulheres à comunidade. Uma poderosa perspetiva se abriu diante do compositor, segundo suas próprias palavras. P. Wagner tinha-se preocupado anteriormente com a ideia de como introduzir no conceito musical e dramático a imagem de Buda, que tinha alcançado a liberdade total e se tinha libertado de todas as suas paixões. E aqui surgiu uma visão criativa - esta dificuldade é ultrapassada porque o mestre espiritual também tem de passar por um novo processo de aprendizagem, permitindo à heroína alcançar a mais elevada santidade e liberdade graças ao amor e à abnegação que sofreu.

As reflexões do compositor acima referidas permitem-nos estabelecer um paralelismo entre The Victorious e Parsifal devido ao pano de fundo misterioso - a entrada de Kundry na comunidade dos servos do cálice sagrado, a aquisição pela heroína da

---

2 A cultura indiana é um fascínio tardio de R. Wagner. Juntamente com a filosofia de A. Schopenhauer, encontra-se na biblioteca "Wahnfried" do compositor, enquanto no período "Dresden" estas fontes ainda não faziam parte dos seus interesses de leitura [46, p. 2].

integridade da existência através da expiação da pecaminosidade da sua natureza feminina e a sua ascensão ao mais alto nível de compreensão do íntimo, do proibido e do supra-sensual. Este acontecimento parece contradizer a própria natureza da sedutora preternatural, o hipnotismo da influência erótica, mas é também bastante natural, pois ela própria é vista como uma vítima sofredora apanhada na rede da volúpia. Amfortas e Kundri estão unidos por uma ferida espiritual que os faz sofrer profundamente com a sua própria imperfeição, um vício que contradiz a aspiração das suas almas à luz, cada um deles ansiando pela cura. Prakriti e Kundri passam por uma misteriosa viagem de descoberta e auto-descoberta da existência alternativa escondida na sua natureza.

O nome da heroína do poema dramático, Prakriti, tem no hinduísmo o profundo significado ontológico da existência material, o oposto da fusão com Brahma. O mundo material, que no hinduísmo é designado pelo conceito de Prakriti, tem propriedades ilusórias, pelo que se pode cair na ilusão de que é verdadeiro e não existe outro. No entanto, a parte imortal do homem - purusha - aspira a Brahma, marcando a possibilidade de formação espiritual do eu humano a caminho dos verdadeiros fundamentos do universo. Tendo em conta o fascínio de R. Wagner pela literatura indiana, é natural supor que ele estivesse familiarizado com o significado do antigo conceito filosófico indiano de prakriti. Em todo o caso, a correlação deste sucinto símbolo hindu com um nome indiano e a sua coincidência semântica com a caraterização da heroína do esboço para o drama Os Vencedores, a sua natureza apaixonada, dá-nos uma visão mais profunda das intenções do compositor. O parentesco das imagens de Prakriti e Kundry permite extrapolar o significado arcaico da intenção da vida para a personalidade multifacetada de Prazhenshchina no drama-mistério Parsifal. Os dois conceitos - a roda do samsara como uma cadeia interminável de ciclos de vida e prakriti como a substância do mundo natural - também deveriam estar separados, mas continuam próximos um do outro, tendo um ponto de intersecção semântica na sua oposição ao Nirvana e a Brahma, que, por sua vez, estão ligados a um outro pólo - a abnegação.

Em correlação com Prakriti, a imagem de Kundri é mais complexa e ambígua; está repleta de um simbolismo invulgarmente profundo, sendo uma generalização ampla de significados arquetípicos. Ela é uma tentadora preternatural que sente uma insatisfação interior, anseia por purificação, apaziguamento e renovação; ela espera pelo seu redentor (o motivo subconsciente do seu comportamento) que lhe dará um amor puro. Por isso, o seu sofrimento só se intensifica, porque ninguém consegue resistir aos seus encantos. No drama de mistério "Parsifal", Klingzor, chamando-a para si, não a chama por um único nome: "A mim! A mim! Levanta-te do teu sono; - tu, cor da tentação! Filha do demónio! Rosa do inferno! Herodíades eras tu, quem mais? Gundrigia está ali, Cundry está aqui! Vem cá! Levanta-te! Kundry! Meu escravo! Aparece!" (traduzido do alemão por Vs. Cheshikhin). A pluralidade da sua personalidade deve-se ao facto de ela não ser concebida pelo compositor como uma única pessoa, mas como um símbolo da feminilidade pecadora, lutando pelo cristianismo (os cavaleiros chamam-lhe pagã, selvagem), mas incapaz de o fazer devido à sua natureza viciosa, longe da pureza espiritual e do desapego de tudo o que é material, carnal e corporal, essas manifestações da vida animal natural que podem humilhar um ser humano.

Ao mesmo tempo, Wagner não concebe a unidade corpo-espiritual à luz do vício, uma vez que o verdadeiro amor não esconde o pecado. No entanto, os corações amorosos na obra do compositor esforçam-se por transcender a intenção da vida: o Eros de Wagner aspira à transcendência. Aqui podemos encontrar uma analogia com a filosofia de Platão, que distinguia dois Eros: o Eros de Afrodite, o vulgar, e o Eros de Afrodite, o celestial. O primeiro deles está associado ao amor carnal, à satisfação da luxúria, o segundo - ao desejo de não se separar do amado durante toda a sua vida [31, p. 129-130]. Eros, num entendimento elevado, é "a manifestação do princípio imortal num ser mortal" [31, p. 163]. [31, c. 163]. O tema da superação da pecaminosidade do *Venusberg*, que Wagner desenvolve no seu comentário à ópera "Tannhäuser", é continuado no enredo e na solução musical-dramatúrgica da imagem de Kundry. [3]Na ópera anterior, a heroína-tentadora aparece como uma personagem psicologicamente íntegra, a encarnação da "feminilidade elfo" (segundo C. G. Jung) [43, p. 117] , a sua atração tem inicialmente contornos naturais. O rosto de Vénus transforma-se numa espécie de espelho torto, adquirindo feições demoníacas no espelho do tormento mental de Tannhäuser: a deusa do amor sensual é vista como um sinal de obsessão, uma vez que submeteu o cavaleiro ao seu poder. No entanto, a própria Vénus não precisa de cura espiritual; a contradição reside no desencontro entre a moral antiga e a moral cristã, nas diferentes ideias de moral e de virtude.

É de notar que, apesar do carácter arquetípico de Kundry, o compositor não priva a heroína de sentimentos e emoções puramente humanos associados à generalização das observações da vida. O seu estado de espírito pode ser caracterizado como marginal, extremamente tenso, à beira do grito, transformando-se depois num grito desesperado da alma. Em colapso psicológico, experimenta sempre uma queda no abismo. Chamada Kundry na ópera, é uma escrava da volúpia, incapaz de se libertar das correntes do mago maléfico que a manipula e a transforma num instrumento de sedução. Selvagem, de certa forma próxima do mundo animal e, ao mesmo tempo, bela sedutora, a heroína leva uma vida dupla. Sinais de dupla personalidade - uma das manifestações da pluralidade da natureza de Prazhenshchina. Em primeiro plano está a energia psíquica inconsciente e descontrolada, a impulsividade, a impetuosidade, a heroína é igualmente alheia ao bem e ao mal; a harmonia só é potencialmente

---

3 C. G. Jung associa a sensualidade arcaica à "esfera da vida élfica", onde as categorias morais cristãs estão ausentes, porque no ambiente pagão "a vida corporal e mental são desprovidas de pudor, prescindem da moralidade convencional e, a partir daí, tornam-se apenas mais saudáveis" [43, p. 117]. A ligação de Vénus à esfera élfica, identificada pelo estudioso suíço, coincide com a especificidade da caraterização do seu leitmotiv na ópera de R. Wagner. Esta caracteriza-se por um tema no espírito da *Elfenmusik*, revelando paralelismos com a sinfonia dramática de G. Berlioz Romeu e Julieta - a história de Mercúcio sobre a fada dos sonhos, a rainha Mab. Na obra do compositor francês, o reino mágico dos duendes, uma imagem vívida, scherzosca, esquiva e fugidia, gera associações programáticas com o salto de criaturas mitológicas que zunem pelo ar. A caraterização de Vénus e do seu reino é resolvida por R. Wagner no GP. Wagner no GP da abertura na mesma chave figurativa e dramatúrgica, e uma imagem semelhante - o salto das criaturas mitológicas - surge involuntariamente na perceção: movimento rápido combinado com a semântica da música dos elfos; a percussão, que desempenha uma função colorística e rítmica, aparentemente imita o toque dos sinos. A Cavalgada Selvagem, a imagem da Caçada Selvagem é a deusa a varrer o céu noturno com o seu séquito. Esta série programa-associativa baseia-se na perceção subjetiva do material musical pelo autor da monografia. No entanto, a imagem bela e élfica de Vénus - luminosa e sedutora - não coincide com os atributos estabelecidos para a caraterização do papel da heroína-educadora. A face encantadora da deusa é, no entanto, apresentada no seu arioso, cujo material temático é recriado no episódio de desenvolvimento da abertura.

concebível nas profundezas deste ser ambíguo.

No drama de mistério Parsifal, as ideias de compaixão e abnegação são encarnadas na sua forma mais generalizada. A capacidade de empatia (empathy) nasce na vida espiritual de Parsifal de forma inesperada - como uma misteriosa epifania. No início, ele parece imerso em si próprio, ignorante, livre, egoísta. Mais uma vez, encontramos aqui um ponto de contacto entre o cristianismo e o budismo, graças ao arquétipo do Caminho: o conhecimento está sempre ligado ao crescimento espiritual, a processos de maturação e a um profundo auto-conhecimento. Parsi-fal tem o seu próprio caminho - da ignorância ao conhecimento, da simplicidade à santidade. Jesus diz de si próprio: "Eu sou o caminho, a verdade e a vida" [João 14:6]. [Jo. 14:6]. Do mesmo modo, na consciência religiosa indiana, o caminho é equiparado ao conhecimento, ao ser, à busca da verdade. O "Isha unipashada" inclui reflexões sobre o difícil caminho da humanidade: "Ó Agni! Guia-nos pelo caminho favorável da prosperidade, ó deus que conhece todos os caminhos. Afasta de nós o pecado sedutor. Dar-te-emos o maior louvor." [4][37] .

No drama de mistério Parsifal, Wagner persegue de forma mais consistente a ideia da vaidade da existência sensual, Eros, a vontade de viver, contrastando o corpóreo e o supra-sensual. A imagem de Kundry ressoa a noção filosófica de samsara, uma vez que na sua personalidade reside a energia vital que impede a realização do ascetismo monástico na comunidade de cavaleiros de St Gra-al. A sua figura pode ser interpretada em termos de reencarnação, da ideia de reencarnação. Kundri está presente numa multiplicidade de personalidades e destinos, o seu samsara é uma cadeia interminável de sofrimento, a sua situação é a consequência de um karma sobrecarregado, ela anseia pela libertação, pela morte, pelo descanso eterno e pela iluminação. A heroína inclui muitos dos "eus" da vida, ela é a Mulher como tal. Neste contexto, a erradicação do início feminino, a sua transição para o nível do outro mundo, é vista como um sinal de morte, porque o ascetismo como mortificação da

---

4 Agni é o fogo, um dos deuses védicos mais honrados, o terceiro dos cinco bhutas (elementos) a partir dos quais
o mundo é construído: akashu (espaço), ar (vayu), fogo (agni), água (apas) e terra (bhumi) [7].

vontade de vida conduz à perfeição pessoal, ao nirvana, mas a renúncia não contribui para a continuação da família, a ligação das gerações, o ciclo natural da vida (Eros).

É a paz sem movimento, a agitação e as emoções destrutivas que Kundry e Amfortas desejam, sofrendo cada um deles, à sua maneira, com a sua própria imperfeição, que se projecta também no macrocosmo social - a paz e a libertação são desejadas por todos os cavaleiros do Graal, manifestando a aspiração colectiva da comunidade. A imagem cristã do pecador arrependido tem pontos de contacto com os ensinamentos dos mistérios: a ascensão espiritual é sempre precedida por uma busca interior e, frequentemente, por uma profunda queda moral, uma descida ao abismo. K. K. Svasyan cita uma antiga parábola indiana sobre um jovem que queria tornar-se um discípulo do caminho.

"Sabes mentir?", perguntou-lhe o professor.

"Claro que não", respondeu o estudante estupefacto.

"Sabes roubar?", perguntou de novo a professora.

"Não", exclamou o jovem, corando de perplexidade.

À terceira vez, o professor perguntou-lhe: "Sabes matar?"

E à terceira vez a resposta foi: "Não": atrever-me-ia a recorrer a ti se soubesse fazer todas estas coisas.

A resposta do professor: "Então vai e aprende a fazê-lo, e uma vez aprendido, não o faças" [34, p. 33]. [34, c. 33].

K. C. G. Jung considera um hino gnóstico sobre a alma, que fala de um filho enviado pelo seu pai-rei para recuperar uma pérola perdida (símbolo de um valor espiritual superior, pelo qual o herói vai às suas próprias profundezas), que se encontra em

no fundo de um poço profundo guardado por um dragão. O valor aí encontrado conduz o jovem, no final, à mais alta felicidade [43, p. 109]. A símbolos deste género, de acordo com a opinião do psicólogo suíço, deve ser atribuído o castelo do Santo Graal. O caminho para Montsalvat está ligado à descida - o viajante "é separado da montanha por um abismo, um precipício estreito e profundo, muito abaixo do ruído das águas subterrâneas", e depois segue a subida para o cobiçado santuário [ibid., p. 109-110]. Este símbolo significa o espírito, que aspira à "mais alta liberdade, elevando-se acima das profundezas, escapando da prisão do ctónico" [ibid., p. 110] [ibid., p. 110]. A autodescoberta exige coragem, só o escolhido é capaz de encontrar a saída das terríveis profundezas. O Graal simboliza, segundo C. G. Jung, "a eterna busca do homem pela integridade interior, a plenitude da existência" [ibid, p. 289]. [ibid., p. 289].

Tal como no poema dramático Os Vencedores, o drama de mistério Parsi fal recria a viagem espiritual - a subida às alturas do espírito é precedida por uma descida ao abismo. Em ambas as obras wagnerianas, é revelado o motivo do castigo por uma ofensa de uma vida passada que deve ser expiada. O riso zombeteiro, o insulto infligido a Cristo, determina a razão da indiferença da eterna tentadora Kundry, que anseia por reparar o seu pecado recordando constantemente o olhar sofredor do Salvador, cheio de amor por toda a humanidade.

O karma de Prakriti é determinado pelo tormento causado ao amante rejeitado, pelo qual a própria heroína deve experimentar o tormento da paixão não correspondida. Ao mesmo tempo, a vingança é proporcional à ofensa - a sede de amor sensual, a atração insaciável e não correspondida, que é ao mesmo tempo um trampolim para a libertação, para que, depois de a ter superado, ela possa elevar-se a um novo nível de compreensão do mundo. Na caraterização de Kundri, este motivo é transformado e consideravelmente reforçado. Prakriti faz um voto de castidade e entra na comunidade budista, conquistando a liberdade interior e o amor fraterno do asceta Ananda, que resistiu aos seus encantos. Do mesmo modo, Kundry alcança a unidade interior com os princípios cristãos dos Cavaleiros do Santo Graal através da pureza de Parsifal, que não sucumbiu às tentações da voluptuosidade mas, pelo contrário, através de uma visão mística, desenvolveu um sentido de compaixão por Amfortas que libertou a heroína dos grilhões da sensualidade.

O leitmotiv da tentação revela a sua fórmula hipnótica de influência, e a própria tentação torna-se, nas mãos de Klingzor, um instrumento de violência contra a personalidade - daí a ênfase no sonambulismo e no comportamento não intencional de Kundry. Em ambas as narrativas wagnerianas, podemos encontrar três pontos de referência na caraterização das heroínas vencidas pela atração passional: culpa de vidas passadas → castigo cármico → libertação. A direção vetorial do desenvolvimento interno da personagem feminina delineia o caminho espiritual: para encontrar a integridade da existência, é preciso experimentar uma queda no abismo (Kundri), uma sede de resolução da contradição existente entre o desejado, o atual e o necessário (Prakriti).

A missão de Parsifal não é apenas restaurar o equilíbrio harmónico geral que Klingzor perturbou, estabelecer a ordem na comunidade dos Cavaleiros do Graal, aliviar Amfortas do seu tormento físico e mental, mas também libertar a tentadora Kundry da rede do pecado. A realização desta última reflecte-se na partitura das acções externas e internas de Kundry, recriando o fundo de mistério do drama musical. É como se ela estivesse à espera do seu salvador, o reconhecesse, visse algo semelhante a Cristo (amor casto), em relação ao qual o seu comportamento muda radicalmente, apontando para o arquétipo da pecadora arrependida (Maria Madalena, Lucas 7: 37 - 38) que finalmente encontrou a paz de espírito. A heroína transformada interiormente renuncia às emoções sem esperança, alcançando o equilíbrio interior, a purificação e a renovação. Essa paz desejável é delineada na sua consciência através da imagem da morte-redentora (sono eterno). Devido ao conteúdo arquetípico multidimensional do drama-mistério, o desenlace é lógico do ponto de vista da formação de significado - o nirvana marca o fim do ciclo de renascimentos tão doloroso para a heroína (Budismo), ao mesmo tempo que marca o estado de graça (Cristianismo).

A ligação entre o cristianismo e o budismo é o desprendimento que caracteriza a vida dos santos cristãos e dos discípulos de Buda. No Ato III do drama de mistério Parsifal, a transformação espiritual da personagem principal é expressa através do silêncio, marcando a rutura dos laços psíquicos com o mundo exterior. Kundry também perde a necessidade de comunicação verbal até à sua morte, indicando a sua purificação interior, renovação, libertação e estado iluminado, semelhante em muitos aspectos à meditação oriental, quando a imersão nas próprias profundezas atinge uma concentração tal que os impulsos externos deixam de afetar a consciência. Através do seu silêncio, Kundry e Parsifal renunciam ao mundo e à vaidade das emoções, elevando-se a um novo estádio de auto-conhecimento espiritual. Recordemos que o silêncio, como virtude espiritual, caracteriza a vida dos eremitas em muitas comunidades monásticas cristãs e budistas, sendo parte integrante do seu modo de vida. No Ato III de Tannhäuser, depois de rezar à sua protetora celestial, a Virgem Santíssima, Elisabeth fica em silêncio até ao fim da sua viagem terrena, o que marca a iluminação do espírito da redentora. Em Parsifal, o motivo de enredo associado ao silêncio como sinal de transformação espiritual adquire um novo conteúdo semântico, que se deve à natureza de género do mistério, repleto de conteúdo místico.

Assim, os marcos do enredo delineados em The Winners recebem uma multiplicação semântica em Parsi-fala (os motivos orientais desenvolvidos numa fase anterior encontram, paradoxalmente, a sua expressão culminante no drama-mistério cristão que coroa a obra do compositor) e, ao mesmo tempo, um duplo subtexto associado à assimilação dos ensinamentos budistas e cristãos.

Conclusões. A ideia de imortalidade na obra de R. Wagner está contida na superação das paixões da vida. A orientação vetorial do caminho espiritual conduz, através do conhecimento, à santificação da verdade, desde a impotência do homem, quando o futuro se apresenta nas cores mais sombrias, à libertação do espírito, à sua energia criadora, à superação do fim da vida a caminho da eternidade. No género da tragédia e das óperas de R. Wagner, em que o compositor se baseou no modelo dos antigos dramaturgos gregos, considerados como um padrão, o fim da vida era, paradoxalmente, um sinal de imortalidade. A catarse é determinada pela compaixão e pelo significado dos actos, acções, sentimentos e motivações do protagonista que, ao sacrificar a sua vida, se eleva acima das emoções pessoais e se torna porta-voz de valores universais.

No cristianismo, o Messias dá aos crentes a esperança da imortalidade através do seu próprio caminho - a agonia da cruz no Gólgota, a morte e o sacramento da ressurreição. Buda alcança o nirvana através da renúncia ao mundo da ilusão. Para realizar a santidade e a bem-aventurança no reino da harmonia transcendental do mundo, é preciso morrer para todas as coisas terrenas (materiais e mortais). Enquanto no cristianismo esta ideia majestosa é iluminada pela luz interior do amor e da compaixão, no budismo é colorida pela auréola do desapego meditativo, na antiga tragédia grega - por um sentimento de purificação, catarse devido à mais profunda empatia com o protagonista da obra.

Recorrendo a diversas fontes, o compositor viu nelas uma espécie de unidade, reflexo da busca criativa do seu interior, que conduz a uma autodescoberta progressiva, a um desdobramento gradual de ideias interpretadas de forma variada, desde as óperas dos anos 40 até Parsifal. A consciência artística do compositor desenvolve um mecanismo de semelhanças (que são correspondências, mas não identidades), que lhe permite combinar fenómenos como o cristianismo e o budismo, a visão helenística do mundo e a ética schopenhaueriana numa síntese inseparável. Compreendida intuitivamente por R. A compreensão intuitiva de Wagner do parentesco das religiões tem os seus pré-requisitos no universalismo dos símbolos religiosos dotados de significado universal, ajudando o compositor a expressar a sua própria visão do mundo, única e distinta, na criação artística.

Toda a obra operática do compositor pode ser comparada a um metaciclo grandioso. A ideia de imortalidade actua como o denominador semântico da evolução criativa do compositor, subordinando uma série de imagens semânticas inter-relacionadas: sofrimento e compaixão, pecado e redenção, vida e morte, Eros e Ágape, que se justapõem no contexto do mitologema do Caminho (que pode ser apresentado tanto como processo como resultado) - o símbolo-equivalente da formação espiritual do ser humano.

No entanto, o próprio conceito de Liebestod, que define a direção e o resultado da busca espiritual dos heróis da ópera do mestre de Bayreuth, revela uma contradição interior: a vida é movimento, vaidade das vaidades, uma série de sofrimentos que têm de ser encurtados e ultrapassados. A morte no Amor não é o nada, porque o amor, base de todos os fundamentos e verdade suprema, faz parte da existência terrena como um processo. É este o paradoxo que impede a possibilidade de paz eterna, de repouso, de harmonia nas realidades terrenas, porque o amor se define pela aspiração, pelo processo, pela ascensão, pelo devir. De acordo com o conceito artístico de R. Wagner, só a união do eidos dos amantes ao nível metafísico na aréola do amor transcendente do mundo pode ser estática, duradoura, absolutamente harmoniosa. Neste contexto, Liebestod é concebido por ele não como a morte, mas como a imortalidade do amor terreno, que encontrou a sua encarnação ideal no quadro da alteridade póstuma. Vida (movimento) e morte (estática) não são, portanto, antíteses absolutas, mas formam um todo inseparável unido pela ideia de imortalidade.

Assim, a ideia de imortalidade sintetiza várias origens heurísticas desenvolvidas na experiência cultural e histórica da humanidade. Nas obras de R. Wagner, esta imagem-signo recebe interpretações variadas, a partir das obras dos anos 40 até ao "Parsifal", sendo gradualmente enriquecida com novos "overtones" - ecos da atividade cognitiva do compositor.

O significado do anjo como arquétipo na obra de R. Wagner

Atualmente, há uma tendência para aumentar a atenção dos estudiosos para as origens espirituais da arte musical. Várias abordagens a este problema são demonstradas pelos materiais de conferências científicas internacionais publicados nas colecções de artigos "Music and the Bible" [29] e "Musical Culture of the Christian World" [27]. [27]. A publicação de M. Cherkashina considera os motivos evangélicos na ópera "Lohengrin" de R. Wagner [39]. Os trabalhos de G. Kaloshina abordam a problemática científica relacionada com a refração do início misterioso e da "tragédia cristã" na arte musical [17; 18; 19]. N. Gorelik considera a ópera "Fausto" de Gounod não só como o primeiro exemplo de ópera lírica, mas também como uma tragédia religiosa e filosófica [14]. A cultura russa caracteriza-se pelo apelo aos valores religiosos e morais, o que se reflecte na arte musical. Esta problemática é revelada no artigo de N. Beketova [4]. No estudo de dissertação de O. Mikhailova, o "Moisés" de G. Rossini e o "Nabucodonosor" de G. Verdi são considerados na perspetiva de identificar os princípios da incorporação da narrativa bíblica nas óperas de compositores italianos da primeira metade do século XIX como uma base concetual e dramatúrgica que determina as qualidades tipológicas das obras [26].

No entanto, o problema da concretização da ideia de serviço angélico nas obras do mestre alemão ainda não se tornou objeto de investigação científica, apesar de o significado do Anjo percorrer "pontuadamente" todo o património criativo de R. Wagner. O significado da imagem do Anjo será considerado de acordo com C. G. Jung, que introduziu o termo arquétipo na psicologia analítica, reflectindo, segundo o seu conceito, o inconsciente coletivo da humanidade. Na sua investigação científica, o cientista suíço considera as imagens bíblicas e evangélicas como arquétipos [44]. De indubitável interesse à luz do tema de investigação escolhido é também a publicação "O Livro dos Anjos", que contém os trabalhos de teólogos e filósofos [20].

Conhecemos a essência dos anjos e o seu ministério, antes de mais, através dos textos da Sagrada Escritura. Recorremos à etimologia da palavra "anjo", que em grego significa "mensageiro", "mensageiro", indicando o tipo de missão a cumprir. A palavra grega "evangelion" tem a raiz "anjo" e significa "boa notícia". Existe uma relação recíproca: os anjos do céu levam aos homens a mensagem da salvação espiritual. No Apocalipse de João, o Teólogo, está escrito: "E vi outro anjo voando no meio do céu, o qual tinha o evangelho eterno para pregar a boa nova aos que habitam sobre a terra, e a toda tribo, e tribo, e língua, e nação" [Apocalipse 14: 6].

Na miniatura "Anjo" do ciclo vocal de R. Wagner com letra de M. Wesen-donk, um mensageiro do céu sem nome aparece à Alma atormentada no momento da morte, marcando a sua transição do mundo da tristeza para o reino celestial. Wesen-donk, um mensageiro do céu sem nome aparece à Alma atormentada no momento da morte, marcando a sua transição do mundo da dor para o reino celestial. No Novo Testamento, encontramos provas de tal ministério. Aprendemos com as palavras de Cristo que, na hora da morte, a alma justa é recebida por anjos. No Evangelho segundo Lucas, lemos: "O mendigo morreu e foi levado pelos anjos para o seio de Abraão" [Lucas 16, 22]. Involuntariamente, lembramo-nos do poema "Anjo" de M. Lermontov, que fala do nascimento de um homem, cuja alma é levada por um anjo para o mundo da tristeza e das lágrimas. A canção do anjo permanecerá para sempre na alma do homem e, neste contexto, ele ficará triste com o céu na sua vida terrena. No poema de M. Vezendonk, o Anjo, pelo contrário, leva a Alma do mundo das "tristezas e das trevas rebeldes" (traduzido por V. Kolomiitsev). Em ambas as obras poéticas, o céu é contrastado com a vida terrena do homem: a permanência num invólucro corporal é temporária, pois existe uma vida eterna à qual a alma aspira. Depois da morte, regressa à sua casa, onde reinam a Luz e o Amor.

Na obra de A. Pushkin encontramos um tema transversal ligado aos heróis-símbolos - demónio e anjo. Em 1823, o poeta russo escreveu o poema "Demónio", onde transmitiu o ceticismo, as desilusões da vida, apresentando-as sob uma forma simbólica - a personagem mitológica demónio, ko varnoy tentador, que o visitou desde a sua juventude. A descrição do demónio, que personifica a alma do herói desiludido, faz-nos lembrar a caraterística de Eugene Onegin do romance em verso de Pushkin com o mesmo nome. O poeta começou a trabalhar na "enciclopédia da vida russa" em 1823 e concluiu-a em 1831. Em 1827, A. Pushkin escreveu o poema "Anjo" (dedicado a E. Vorontsova), que é uma resposta ao poema anterior "Demónio". A personagem mitológica anjo representa a imagem da amada, que faz com que o herói, sobrecarregado pelo demónio, acredite na existência da luz, do amor, ajudando-o a voar com a sua alma para o céu. Recordamos também os versos de A. Pushkin da carta de Tatiana ("Eugénio Onegin"): "Quem és tu, meu anjo da guarda, / Ou um tentador insidioso: / Resolve as minhas dúvidas". À luz das questões transversais do poeta russo, a justaposição de personagens mitológicas neste fragmento poético, que está em unidade com as características de Onegin e Tatiana, é percebida no contexto dado à luz do tema que sempre preocupou o poeta. Assim, em Wagner e em Pushkin, a personagem mitológica Anjo é a personificação da feminilidade, que liberta a alma sofredora (masculina) da obsessão/ilusão demoníaca. A este respeito, recordamos involuntariamente as personagens emparelhadas das óperas de Wagner dos anos 40 - o herói pecador e o seu redentor - Glo-lander e Senta, Tannhäuser e Elisabeth. Em Wagner, essa correlação entre o masculino e o feminino no mistério da redenção não é revelada até Parsifal.

No ciclo vocal de R. Wagner com letra de M. Wesendonck. A canção com o título simbólico Der Engel (O Anjo) actua como um initio. Abre a obra, que reúne uma série de canções, cada uma delas repleta de significado filosófico. Este facto pode servir como uma das provas da importância da imagem significativa do Anjo na obra do mestre alemão. Na miniatura vocal, o compositor delineia o mistério "gráfico" - a oposição entre os mundos do céu e da terra e a sua conjunção.

As personagens das óperas de R. Wagner apresentam características que nos permitem classificá-las num único grupo associado à interpretação do significado do Anjo como arquétipo transversal na obra do compositor alemão. Assim, Senta, Elisabeth e Parsi- fal aparecem como mediadores espirituais entre os pecadores e o Todo-Poderoso graças ao poder da empatia. O mensageiro celestial Lohengrin aparece na ópera como anjo da guarda de Elsa e seu intercessor. Os cavaleiros do Graal nas óperas Lo-engrin e Parsifal podem ser correlacionados com as hostes celestiais, que na Sagrada Escritura são anjos. Além disso, nestas obras, os cavaleiros do Graal são apresentados como servidores da relíquia sagrada - o cálice em que foi recolhido o sangue do Salvador.

O mediador entre a vontade dos deuses e o destino dos homens são as Valquírias, mensageiras da morte, que, segundo a antiga mitologia escandinava, levam as almas dos guerreiros mortos para Valhalla. Quem quer que tenha visto o seu olhar ardente está destinado a morrer em breve ("A Valquíria" de R. Wagner, Ato II Cena IV - diálogo entre Siegmund e Brünnhilde). Na obra de Wagner, o "diálogo" de motivos pagãos e cristãos é repetidamente efectuado, o que permite correlacionar os arautos alados da mitologia escandinava com os anjos do cristianismo. Além disso, as representações dos anjos não existem apenas no judaísmo e no cristianismo: "Constituíam o séquito dos deuses greco-romanos. A imagem dos anjos como criaturas aladas remonta aos seus protótipos orientais; o seu protótipo é frequentemente considerado como sendo Nika" [35, p. 32]. Ao contrário do cristianismo, as religiões politeístas interessavam-se pela integração das religiões. Por exemplo, U. Kinzle escreve sobre a prática existente de os conquistadores romanos identificarem os seus próprios deuses com os antigos deuses germânicos [47, p. 66]. A este respeito, as Valquírias podem ser colocadas na mesma fila com os protótipos listados dos anjos cristãos. A sua relativa semelhança com os mensageiros cristãos, servos do Senhor - a mediação entre os deuses e os homens, a função de mensageiros, a deslocação num cavalo alado pelo ar - não significa, neste caso, identidade.

Os anjos podem estar tanto do lado do bem como do lado do mal. Os demónios ou diabos são anjos que, no seu orgulho, se rebelaram contra Deus. Procuram prejudicar a Sua criação preferida - o homem. Isto explica-se pelo facto de, no cristianismo, os anjos e as pessoas serem dotados de liberdade de escolha, em relação à qual os anjos caídos estão do lado do mal. As imagens de Loge e Ortruda pertencem ao tipo luciférico, pois tentam as suas vítimas com o poder do raciocínio maligno (orgulho do intelecto), oposto aos verdadeiros princípios do universo - o Amor, o seguimento intuitivo da Verdade. O conflito na alma do holandês tem um carácter luciférico, pois ele faz um desafio audacioso, actualizando a maldição associada ao orgulho, neste caso o orgulho humano. Na escala cristã dos valores morais, a sua transgressão é pecaminosa. A imagem de Klingzor revela um motivo divino. Ele desafia o reino do Graal, associando-se ao anjo decaído Lúcifer. A sua figura é sinistra e trágica ao mesmo tempo. O caminho do vilão para a cobiçada morada da bondade e da luz está-lhe para sempre vedado, o que evoca sentimentos sombrios e vingativos na sua alma, pois era para aí que se dirigiam todas as suas acções e aspirações. O pecado do holandês pode ser expiado por uma mulher fiel e carinhosa, mas o feiticeiro não tem desculpa nem regresso, o que lhe provoca uma raiva desesperada.

Detenhamo-nos mais detalhadamente na caraterização musical e cénica de Elisabeth (Tannhäuser). Na sua imagem, o compositor combina harmoniosamente traços angélicos e humanos. A imagem da donzela angélica Elisabeth corresponde na ópera à imagem da Virgem Maria - a sua intercessora celeste, sobre a qual Gregório Palamas escreveu: "Desejando criar uma imagem de perfeita beleza e mostrar claramente aos anjos e aos homens o poder da Sua arte, Deus fez verdadeiramente de Maria a mais bela. Combinou n'Ela os traços individuais de beleza que tinha dado a outras criaturas, e fez d'Ela o adorno comum dos seres visíveis e invisíveis, ou melhor, fez d'Ela, por assim dizer, uma mistura de todas as perfeições, divinas, angélicas e humanas, uma beleza suprema adornando ambos os mundos, ascendendo da terra ao céu e até ultrapassando este último." [5][citado em: 5, p. 3] . Por natureza, a Elisabeth de Wagner é verdadeiramente humana. A caraterização da ária da heroína, cheia de vitalidade, não nos permite interpretá-la como uma pessoa desprovida de aspirações terrenas. O conflito íntimo de Tannhäuser, ligado à sua incapacidade de se libertar da encantadora atração pela gruta de Vénus, determina a impossibilidade do sonho de uma união matrimonial - a donzela-anjo (como lhe chama a personagem-título no momento do remorso amargo) sublimou a sua própria feminilidade, a

---

5 Assim, Gregório Palamas justapõe dois mundos - visível e invisível, material e espiritual, humano e angélico.

possibilidade potencial de maternidade e até a sua própria vida no ato de sacrifício redentor. E, ao fazê-lo, revela a sua essência transcendental. A missão espiritual da heroína de Wagner corresponde ao arquétipo (segundo C. G. Jung) da sua padroeira celeste.

"Bendita entre as mulheres", a Virgem Maria é a intercessora dos pecadores arrependidos. Recordemos a sua humanidade: segundo um dos apócrifos, a Virgem Maria desce até aos pecadores no inferno. Como *mediadora* divina (latim *mediatrix*), ela conduz os penitentes a Deus, que lhes concede a felicidade eterna. A castidade de Isabel remonta ao símbolo cristão da "virgem eterna que concebeu imaculadamente" [44, p. 198] [44, c. 198]. A heroína é representada na ópera à luz de uma juventude exultante - Elizabeth's Exit. Além disso, de acordo com a observação do autor de R. Wagner, a primeira canção de Tannhäuser, louvando os encantos do amor corporal, evoca nela emoções contraditórias (ao contrário do que acontece nos arredores de Wartburg), pois "a luta de sentimentos reflecte-se no rosto de Elisabeth - a admiração mistura-se com uma tímida surpresa" (tradução de Viktor Kolomiitsev, edição parisiense da ópera).

Senta é também a Donzela Anjo. O compositor chama-lhe Anjo pela boca do Holandês e, na cena final da ópera, a própria heroína também se chama Anjo do seu amado, o errante amaldiçoado, realizando a sua missão redentora. Os amantes angelizados podem ser comparados ao anjo da canção homónima do ciclo vocal de R. Wagner sobre poemas de M. Wesendonck. O destino espiritual de cada uma destas heroínas da ópera está ligado à transição do herói pecador do mundo da tristeza para o reino dos céus, que é possível graças ao amor sem limites da Mulher.

Na Abertura Fausto (1840), R. Wagner concretizou a ideia do serviço angélico a nível musical e entoativo através das esferas imagéticas e dramatúrgicas correspondentes aos princípios "faustiano", "mefistofélico" e "eternamente feminino". Nesta obra, o compositor apresentou os temas que percorrem toda a sua obra - a luta entre o bem e o mal na alma do herói, a queda espiritual e a redenção. Recorde-se que, na tragédia homónima de Goethe, o protagonista, na cena final, é levado para o céu por anjos cantores e, sob a forma de anjo, encontra no paraíso a sua amada Margarida, que expiou os seus pecados e Fausto através do Amor.

A obra redentora de Deus tem por objetivo libertar o homem dos grilhões do pecado. O mistério espiritual assume enormes proporções no cristianismo devido ao significado fundamental do pecador arrependido, cujo regresso à casa celeste é um acontecimento significativo para o Senhor e os seus anjos. No Evangelho de Lucas, Jesus diz "Não são os sãos que precisam de médico, mas sim os doentes. Eu não vim chamar os justos, mas os pecadores ao arrependimento". [Lucas 5: 3132]. A parábola do filho pródigo e o relato bíblico das provações de Job são também ilustrativos.

As óperas de Wagner revelam um gráfico misterioso segundo o qual, após a imersão nas profundezas obscuras do interior do ser humano, tudo é possível:

- ascender à fase mais elevada da formação espiritual (O Holandês Voador, Tannhäuser);

- a queda final, a perda da unidade interior com a fonte do verdadeiro ser (Wotan, em parte Elsa).

Na Sagrada Escritura, os santos ministros de Deus são chamados "anjos de luz". A ideia de luminosidade manifesta-se nos nomes dos anjos. Assim, Lúcifer em latim significa portador de luz [35, p. 325], o nome do Arcanjo Uriel tem raízes hebraicas e traduz-se por "Deus é a minha luz" [20, p. 75]. [20, c. 75]. De acordo com a teologia, os anjos caídos perdem o contacto com a fonte mundial de luz, e as trevas eternas são o seu destino. O Senhor, na visão cristã do mundo, é a fonte da Luz celestial. São Gregório Palamas, Metropolita de Solunsk (séc. XIV), escreveu sobre a luminosidade dos Anjos, que são participantes da luz divina original: "O Anjo é a primeira natureza de luz depois da primeira causa, da qual a segunda luz, fluindo da primeira luz e participando nela, recebe brilho. E as mentes divinas, que se movem circularmente, unem-se no brilho sem princípio e infinito da bondade e da beleza." [20, c. 546]. Na obra de R. Wagner, o arquétipo da luz como sinal semântico da harmonia transcendental do mundo é definido pela compreensão do compositor da unidade do amor e da morte na perspetiva do mistério cristão. [6] A entrada no mundo incognoscível, a ascensão à Luz do Céu é revelada através da imagem semântica de Liebestod. Mesmo no drama "Tristão e Isolda", onde o compositor apela "à imagem da Noite mítica" [38, p. 369]. [38, p. 369] como fonte primordial da vida, a imagem semântica da superação póstuma do fardo das paixões terrenas é revelada pela semântica da radiância transcendental, que actua como uma unidade icónica estável na obra do compositor, começando com O Holandês Voador e terminando com o drama-mistério Parsifal. A exceção é The Meistersingers of Nuremberg, onde, no entanto, o triunfo final da justiça gera um sentimento catártico *iluminado* [itálico meu - *O. S.*] na alma do recetor.

[7]O emblema entoacional da luz é apresentado a um nível semântico na introdução da ópera Lohengrin . A semântica do brilho celestial preternatural é revelada pela harmonia da tríade sustentada em *Lá-dur* no timbre cintilante das cordas e dos sopros num amplo arranjo num registo muito agudo. A transcendência do som é alcançada pelos flageolets dos 4 violinos solo, pelas bifurcações dinâmicas no som mudo (*pp, p*) e pelas subtis transições tímbricas, que, em conjunto, criam uma sensação de vibração interior e estão associadas à graça celestial que flui suavemente. Uma carga semântica especial é transportada pela ausência de instrumentos de registo inferior na partitura sonora do fragmento, o que resulta numa transparência excecional, flutuando sem peso, actualizando a ideia dos gráficos misteriosos do mundo elevado em oposição ao mundo baixo.

A ideia de refulgência é personificada nas óperas de Wagner. Em Lohengrin, manifesta-se nas imagens cénicas do mensageiro celeste e da sua amada angelical. No Ato II, Cena II, a refulgência de Elsa é actualizada no espaço musical e cénico: a

---

6 Na Bíblia, o céu tem uma interpretação não só cósmica, mas também simbólica. A. Glagolev escreve sobre o significado simbólico da palavra hebraica *schamaim*: "Neste sentido, contém o conceito do mundo espiritual e da sua vida misteriosa, em contraste com a terra, que é o ambiente da vida sensual" [20, p. 55].
7 S. Tyshko detecta um fenómeno entoacional e semântico semelhante nas óperas de Mussorgsky, caracterizando-o como o estilo da Luz Favorita [36]. M. Mussorgsky, ao que tudo indica, herdou R. Wagner, que abordou meios entoacionais semelhantes na introdução a Lohengrin: "P. Tchaikovsky e A. Serov ficaram encantados com Lohengrin e especialmente com o novo efeitoorquestral, notavelmente semelhante ao que observámos em Mussorgsky: cordas e metais no registo mais alto, pp" [36, pp. 430-44]. [36, C. 430-431]. "O lexema da luz" é destacado no teatro musical de N. A. Rimsky-Korsakov por A. Zhdanko fora da abordagem da semântica do mistério cristão [16].

sua vestimenta branca, a cantilena luminosa, a localização espacial - ela está na varanda como se estivesse a voar acima da terra pecaminosa. O seu semblante celestial é sublinhado pela oposição de Friedrich e Ortrude, que, de acordo com as observações do compositor, estão vestidos com roupas escuras; as suas declarações baseiam-se em sinais semânticos de fantasia maléfica, o protótipo do género da ária de vingança; olham para cima e para baixo para Elsa. As instruções autorais pormenorizadas de R. Wagner relativamente a esta cena e à semântica musical pretendem transmitir a metamorfose social de Friedrich e Ortrud, que está relacionada com a sua expulsão de Brabante, por um lado, e a sua pertença ao mundo da fantasia maléfica, por outro. O arioso de Elsa revela o semblante sobrenatural da heroína; ela confia o segredo do seu coração ao vento; a rapariga é caracterizada pelo compositor como ingénua e pura (não deste mundo); ela é absolutamente a mesma aqui como na cena da corte. Poder-se-ia argumentar que a vida não lhe ensinou nada. Antes de mais, a não confiar em quem já fez o mal. A descida da heroína à personagem demoníaca, tal como a descida de Lohengrin à terra, tem um carácter simbólico. Pode estabelecer-se indiretamente um paralelo com a tradição das figuras musicais retóricas barrocas associadas à semântica da descida ao abismo (*catabasis*, *passus duriusculus*).

Nas notas de programa do autor para a abertura de O Holandês Voador, Wagner descreve o olhar de Senta como uma *luz* [itálico meu - O. Sh.] acenando para o herói-sincero sofredor, cheio de "simpatia e desejo *divinos* [itálico meu - O. Sh.]" [1, p. 56]. [1, c. 56]. Dado que na ópera a heroína é verbalmente caracterizada como um Anjo, pode argumentar-se que nas explicações do programa do compositor este está a abordar o significado da Luz Divina, à qual pertencem os mensageiros do céu.

A luminosidade de Parsifal está associada às ideias bíblicas e cristãs do Messias, redentor dos pecados da humanidade, ao símbolo sagrado do cálice do Santo Graal, à fé e à pureza mental. A sua imagem resume a experiência artística de R. Wagner, combinando as características dos redentores angelicais Senta, Elisabeth e o mensageiro celestial Lohengrin.

O brilho é inerente à imagem de Siegfried. Parece que este herói está longe da tradição cristã, ao contrário de Lohengrin e Parsifal. No entanto, continua a existir uma ligação entre as ideias do cristianismo e a imagem de Siegfried. P. Wagner caracteriza Siegfried como um herói destemido e radiante. Jesus diz de si próprio: "Eu sou a luz do mundo; quem me segue não andará nas trevas, mas terá a luz da vida" [João 8: 12]. [João 8: 12]. O arquétipo do sol/luminosidade está associado na cultura mundial a ideias de bondade e pureza. O Sol é a fonte da vida, que é adorada desde há muito tempo.

A leveza do herói destemido é revelada na tetralogia através da fonética da tríade maior, que simboliza a pureza das leis do mundo natural. Neste contexto, é oportuno relacionar as introduções de "Lohengrin" e "O Ouro do Reno", uma vez que revelam o início dos inícios - o logos-Luz e a substância-Água. O compositor apresenta a ideia profunda da fundação primordial do mundo de várias formas, remontando a ideias cristãs e pré-cristãs. Em ambos os casos, é representada pela fonética da tríade maior. O início dos inícios simboliza em R. Wagner a ideia de verdade, permitindo ao compositor postulá-la a um nível entoacional através do sinal sagrado do coral e da fanfarra heróica. Wagner liga o ensolarado Siegfried, reunido com Brünnhilde, aos fundamentos redentores do universo [12, p. 180]

A miniatura vocal "Tristeza" do ciclo vocal de R. Wagner para poemas de M. Wesendonck funde dois significados do símbolo do sol - a luminária cósmica (com um sinal de "mais") e a sociedade diurna e implacável (com um sinal de "menos") - que são característicos da obra do compositor alemão. A canção abre com uma exclamação de desespero perante a palavra *sol* (*Sonne*). É possível que o início da canção seja o impulso que inspirou a imagem-símbolo da sociedade no drama Tristão e Isolda. Notam-se dois inícios contrastantes na canção: as tristezas tristanianas, realçadas pela consonância dissonante inicial e pela figura retórica da *catábase*, e a metáfora do sol como "herói nos raios das vitórias" - uma fanfarra heróica semelhante à leitmata do luminoso Siegfried.

A afinidade do herói Siegfried com o Messias cristão é revelada no texto verbal do

Ato III do penúltimo dia da tetralogia - no dueto arrebatador dos heróis que cantam louvores a Sieglinde, que deu vida a Siegfried, à terra natal que o alimentou, ao olhar da Valquíria, através do qual reconheceu a bem-aventurança, e ao próprio herói-redentor portador de luz:

Siegfried

(numa explosão de grande alegria):

Oh, glória à mãe,

Que me deu vida,

E a terra,

Que me alimentou!

Eu vi os teus olhos

E nele reconheci a felicidade!

Brünnhilde

(com o maior entusiasmo)

Oh, parabéns para ela,

que vos deu à luz,

Oh, parabéns para ela,

que vos alimentou!

Só tu poderias vir até mim,

Eras o único que podia interromper o meu sonho!

Siegfried! Siegfried!

Tu dás vida

Pela luz [itálico meu - *O.S.*] da sua própria luz!

(traduzido do alemão por V. Kolomiitsev)

As analogias surgem também com os ditos evangélicos sobre a Virgem Maria. Isabel, cheia do Espírito Santo, exclamou: "Bendita és tu entre as mulheres, e bendito é o fruto do teu ventre! [Lc 1,42]; a mulher que estava a ouvir a pregação de Jesus disse, iluminada: "Bendito o ventre que Te deu à luz, e as tetas que Te alimentaram!" [Lc. 11: 27].

A ideia de redenção está ligada em Wagner à ideia da unidade do amor sensual e da abnegação. Só em Parsifal é que o amor erótico, que o autor considera um perturbador, é completamente suplantado pela sobornost fraterna. Na ópera Lohengrin, o mensageiro celestial anseia por encontrar o amor de uma mulher terrena. A sua solidão funciona como uma espécie de assonância ao tormento mental de Jesus, que não encontra empatia nem mesmo entre os seus discípulos mais próximos - os Apóstolos. Recordemos a amargura do Salvador quando os seus discípulos adormeceram à hora em que a sua alma estava dominada pela dor e pelo pressentimento da morte, e ele clamou ao Senhor para que este cálice passasse por ele!

Referimo-nos também a um facto biográfico citado na monografia de A. Lishtanberger. Lishtanberger, que aponta a experiência mística do contacto do compositor com o mundo angélico na altura em que escreveu o drama-mistério Parsifal. [8]Na primavera de 1857, na Sexta-Feira Santa, contemplando a natureza festiva, Wagner foi subitamente iluminado por uma intuição do mistério de Cristo; pareceu-lhe (como contou a H. P. von Wolzogen) ouvir o canto dos anjos: "pondo de lado por um tempo a partitura de Tristão, ele escreveu aqueles versos cheios de uma certa ternura mística, nos quais Gurnemanz fala a Parsifal sobre os encantos da Sexta-Feira Santa" [21, c. 427]. Estava encontrada a ideia central de "Parsifal".

O compositor recorreu diretamente ao Evangelho quando esboçou o drama Jesus de Nazaré (1848), onde expressou a sua própria visão do rosto radiante do Salvador, bastante diferente das visões canónicas prevalecentes. A sua atenção sem precedentes a esta fonte é evidenciada por numerosas notas, o que é considerado por M. Eger como uma rara exceção, pois o mestre era muito cuidadoso com os seus livros [46, p.

---

8 Hans Paul von Wolzogen foi o autor do termo "leitmotiv" e um admirador apaixonado da obra de R. Wagner.

3]. A criatividade do compositor está impregnada de motivos bíblicos e evangélicos, apoiando-se nos fundamentos essenciais da fé cristã. No entanto, a atitude do Wagner artista perante a religião era complexa e muito ambígua, o que se reflecte nas declarações relativas ao tema do percurso do criador, da religião à arte, registadas nos diários de Cosima. Assim, segundo a convicção do compositor, a arte pode referir-se a símbolos religiosos, mas deve fazê-lo "livremente, libertando-os da seriedade dogmática" [citado em: 45, 45, 45, 45, 45, 45]. [citado em: 45, p. 22].

R. Wagner interpretou os símbolos religiosos através do prisma da ideia de Kunstreligion. Wagner interpretou os símbolos religiosos através do prisma da ideia de Kunstreligion. *A* utilização de símbolos nas obras operáticas do compositor alemão não leva à perda do seu profundo conteúdo significativo. Segundo a convicção do mestre de Bayreuth, a arte revive-os, dando-lhes nova vida. A arte assume assim a alta missão da religião.

Assim, o arquétipo do Anjo aparece na obra de R. Wagner em várias leituras semânticas, revelando-se na ideia de luminosidade, no grafismo misterioso dos mundos "alto" e "baixo", determinando a direção da formação interior das personagens da ópera que actuam como mediadores espirituais no caminho da redenção da alma sofredora.

O mistério da redenção como caminho de conhecimento e auto-descoberta na tetralogia do Anel dos Nibelungos de R. Wagner

A tetralogia do Anel dos Nibelungos de R. Wagner não foi ainda analisada na perspetiva da sua encarnação do mistério da redenção. Entretanto, a legitimidade de tal interpretação do grandioso ciclo operístico é confirmada pela reflexão do compositor.

O drama de mistério Parsifal é a conclusão lógica da obra do génio de Bayreuth, que é profundamente cristã nos seus fundamentos. Nas suas óperas dos anos 40, o compositor volta-se para as lendas cristãs. As suas interpretações das lendas cristãs incluem invariavelmente motivos pagãos. Ao escolher as fontes primárias para as suas óperas, R. Wagner prefere frequentemente recorrer aos apócrifos. Em Parsifal, por exemplo, interpreta o símbolo do cálice do Santo Graal, ausente dos textos evangélicos canónicos, que pertence a uma versão apócrifa do Evangelho - o Evangelho segundo Nicodemos.

A imagem-signo da redenção não está estritamente localizada na obra de Wagner. A reflexão de Wagner revela reflexões que testemunham claramente a sua inclusão de ideias cristãs na "aura" semântica da tetralogia, apesar de a fonte primária do grande ciclo de ópera ser a mitologia escandinava. No pensamento científico, a opinião de que o conteúdo semântico desta obra é muito mais vasto do que a fonte arcaica: na tetralogia de Wagner, os académicos viram a encarnação da "filosofia da história nos sons" [28, p. 9]. [A tetralogia de Wagner é uma reinterpretação de motivos mitológicos da Grécia antiga, em particular da trilogia "Prometeu" de Ésquilo [48]. T. Mann escreveu que na tetralogia o compositor combinou o incompatível: psicologia e mito: "A sua compatibilidade é tentada a ser negada, a psicologia é considerada como algo demasiado racional para não a ver como um obstáculo intransponível no caminho para a terra do mítico. Aceita-se opor o mítico, como se aceita opô-lo à música, embora este mesmo complexo - a combinação da psicologia, do mito e da música - em dois casos marcantes, em Nietzsche e em Wagner, nos apareça como uma realidade viva" [25, p. 108]. [25, c. 108]. A. Lishtanberger escreve sobre a polaridade de atitudes de visão do mundo na obra em questão - "entre o entusiasmo e o desânimo, entre o amor e o desgosto pela vida, entre Feuerbach e Schopenhauer" [21, pp. 297 - 297]. [R. Wagner "encarnou primeiro mais o lado de Siegfried, depois mais o de Wotan" [21, pp. 297 - 298]. [21, c. 298].

Numa carta a August Reckel, Wagner chama a Siegfried, reunido com Brünnhilde, o redentor da humanidade, e chama à heroína "o redentor consciente do mundo" [12, p. 180]. [12, c. 180]. Definir o papel de Siegfried e Brünnhilde como redentores da humanidade e do mundo permite-nos completar a cadeia semântica no contexto do mistério da redenção: Loge - a tentação, Wotan - a ascensão à verdade, terminando no colapso. Segundo A. Losev, na tetralogia de Wagner o mito está em interação com os fundamentos cristãos, pois na cena final o compositor aborda a ideia cristã de redenção [22, p. 26].

Note-se, no entanto, que os significados contidos na tetralogia de Wagner são muito mais amplos do que o dogma cristão, uma vez que apelam à experiência espiritual e cognitiva universal da humanidade, retratada, em particular, nos mitos pagãos. Assim, Loge é um representante do Caos, que, na imagem mitológica do mundo, está sempre em relação com o Cosmos, pois o elemento de discórdia e destruição do mundo está sempre pronto a voltar-se para o seu lado criativo.

Nos mitos, o problema da escolha moral e da responsabilidade moral não é muitas vezes tão grave como no cristianismo, porque o paganismo tem critérios de comportamento diferentes. Nos contos antigos, a força e a destreza vencem e, neste contexto, podemos recordar o poderoso Wotan e Loge, que é astuto na execução dos seus esquemas enganadores.

A formação da moral cristã tem as suas raízes no ensinamento do Antigo Testamento, que, apesar da continuidade existente, não é idêntico ao humanismo do Novo Testamento. Assim, segundo a Bíblia, o princípio regulador do comportamento moral do homem é o medo da mão direita do Senhor, porque o Criador aparece não só como um Todo-Poderoso misericordioso, mas também como um Juiz impiedoso, que castiga todos aqueles que violam maliciosamente as suas alianças: recordemos o

Dilúvio e a destruição de Sodoma e Gomorra. No Evangelho, o Pai amoroso não castiga os pecadores, mas dá à humanidade a possibilidade de arrependimento e de redenção póstuma. O amor, e não o medo, deve agora guiar a escolha do caminho correto. Na tetralogia, Wotan aparece como um deus verdadeiramente pagão, à mercê de aspirações egoístas. O pólo oposto é o amor do mundo, o único que pode redimir o mundo da pecaminosidade e salvá-lo da destruição final. No Evangelho segundo João, o caminho da salvação é mostrado através de um símbolo, que é a fonte vivificante. Assim, quando Jesus fala à samaritana que veio tirar água do poço, revela-lhe o significado do amor divino. Ele contrasta a sede terrena com a água viva, que simboliza a verdade espiritual imperecível que pode saciar a sede eterna [João 4: 13-14]. Na tetralogia, o amor aparece também como um valor original e intemporal, oposto a tudo o que é finito.

A visão artística do mundo de Wagner combina duas categorias associadas às ideias cristãs de Deus, que é Amor e Eternidade. O significado de Liebestod revela-se consonante com o cristianismo, pois está associado à paz e à felicidade póstumas. Na tetralogia, o amor, cósmico na sua escala, abrange todas as manifestações da vida, desde as suas formas mais simples (interpretação filosófica natural) até ao estádio mais elevado - a consciência humana.

No cristianismo, Deus é o criador de todas as coisas, definindo o significado de todas as suas criaturas - pequenas e grandes, o mundo criado e o mundo dos entes, representado pelos anjos celestiais. A aspiração à abrangência e à escala na recriação do cosmos mundial caracteriza o quadro mundial da tetralogia, partindo do logos-substância e terminando nas mais altas manifestações ontológicas. Na tetralogia, R. Wagner levanta e resolve questões que são respondidas pelo mito, pela filosofia e pela religião. Em particular, os problemas da estrutura do universo, da escolha moral, dos modos de cognição e do auto-conhecimento.

A fé cristã e a intuição mística, como forças orientadoras do autoconhecimento interior, são capazes de superar todos os tipos de obstáculos que são naturais no mundo corruptível. Os verdadeiros crentes, segundo o Evangelho de Marcos, serão acompanhados por estes sinais: em nome de Cristo expulsarão demónios, falarão novas línguas, pegarão em serpentes e, se beberem alguma coisa mortífera, não lhes fará mal; porão as mãos sobre os doentes e eles ficarão bons [Mc 16, 17-18]. O exemplo de fé ordenado por Jesus é refractado na obra de R. Wagner nas imagens das intercessoras angelicais Senta e Isabel, que expiam os pecados do amado através da pureza espiritual e do poder da compaixão. A luz do amor celestial da donzela-anjo liberta o holandês de uma pesada maldição. O motivo da fé cristã que supera os obstáculos que parecem impossíveis de ultrapassar no mundo material é encarnado de forma particularmente viva na ópera Tannhäuser: o protagonista é salvo pelo imenso amor de uma mulher, cuja prova é um *milagre - um* bastão que se tornou verde. O que era fundamentalmente impossível acaba por se tornar realizável. Ao mesmo tempo, este final da ópera (recorde-se que, na lenda, Tannhäuser, em desespero, regressa à sua vida pecaminosa e à deusa do amor sensual) tem um profundo simbolismo de ressurreição e renovação (o ramo morto despertou para uma nova vida). Em R. Wagner, a vida do espírito está intimamente ligada à existência natural do universo, o que é confirmado pelo panteísmo da tetralogia, por um lado, e pelo drama-mistério cristão Parsifal (o milagre da Sexta-feira Santa), por outro.

A imagem do santo simplório da ópera Parsifal, que alcança a sacralidade através da misericórdia, assemelha-se às imagens dos amantes angelicais das óperas dos anos 40. A sua empatia é mais forte do que as tentações do mundo mortal, vencendo os grilhões da sensualidade. O caminho da redenção revela-se na obra de Wagner não apenas no mistério individual e pessoal, mas também à escala universal: a purificação do mundo pecaminoso pelo poder do amor cosmogónico em "O Anel do Nibelungo", concretizado por Brünnhilde; a restauração da harmonia mundial através da compaixão de uma alma inocente em "Parsifal"; a redenção da pecaminosidade da montanha venusiana em "Tannhäuser". [9]Um objetivo inatingível para o poderoso chefe do panteão pagão acabou por ser realizado pela sua filha através da sua

9 Recordemos que, no cristianismo, Deus é Luz, Verdade e Amor, o que parece ser o fio condutor entre as ideias cristãs e a obra de R. Wagner. Nas suas óperas, o amor, compreendido a nível individual-pessoal, actua invariavelmente como intenção criadora e redentora do mundo, graças à sinergia do autoconhecimento moral, que implica a unidade de duas energias - o homem e o universo (na tetralogia) / o homem e Deus (na interpretação das lendas cristãs).

aspiração ao amor mundial.

O percurso de vida de Brünnhilde e do luminoso Siegfried está indissociavelmente ligado às forças vivificantes da natureza, que aparecem como a verdadeira medida da verdade. "No princípio era o Verbo" - assim diz a tradução canónica do prólogo do Evangelho de João, feita por M. Lutero no século XVI. No texto grego existe a palavra "logos", que tem múltiplos significados. I. G. Herder, no seu comentário ao Evangelho (1775), observou que ela pode ser traduzida de diferentes maneiras: pensamento, palavra, vontade, ação, amor [2, p. 650]. Na tetralogia, o original, a base primária do mundo, é revelado a partir de uma perspetiva naturo-filosófica - como um símbolo da natureza vivificante, o Eros cosmogónico. Esta imagem semântica é encarnada musicalmente: a passagem inicial através dos sons da série de sobretons, passando depois para figurações que ascendem no seu movimento progressivo a novos níveis de energia, cada vez mais poderosos. O *Vorspiel* de "Ouro do Reno" é uma imagem primordial do ser, contendo todos os impulsos da formação da vida natural. A cosmogonia, conceptualizada como o processo de nascimento de todas as coisas a partir da substância da água, encontra, como mostra a tetralogia, a sua corporização em várias formas de ser, delineando a sua diversidade, à medida que a vida natural se revela em movimento, desenvolvimento, ascensão, atingindo o seu auge na consciência humana, no pensamento, na volição, nas acções e no amor. A ideia de germinação gradual encontra-se na estrutura do sistema de leitmotiv: é uma acumulação interminável de significados sempre novos através da derivação temática dos leitmotivs e do seu desenvolvimento sinfónico. Este processo reflecte a expansão e o aprofundamento do conhecimento no contexto da compreensão da ideia principal da obra

- do empirismo na introdução de O Ouro do Reno à generalização filosófica no monólogo final de Brünnhilde.

O mistério cristão está ligado à superação do egoísmo, à escolha do amor como princípio moral iniciador e à aspiração do espírito aos verdadeiros fundamentos da existência. Este caminho está prefigurado nos textos do Novo Testamento, os mandamentos de Jesus, que revela aos cristãos a sua própria missão de guia entre o presente pecaminoso do homem e a sua superação: "Eu sou o caminho, e a verdade, e a vida". [João 14: 6]. Ao mesmo tempo, não há aqui uma identidade, uma vez que os fundamentos da cosmovisão cristã entram em contacto na tetralogia com o panteísmo pagão e as visões filosóficas naturais. É de notar que, em R. Wagner, a vida da natureza e do espírito estão inseparavelmente ligadas. Por exemplo, a ideia de redenção em "Tannhäuser" e "Parsifal" está relacionada com o despertar primaveril da natureza - o bastão que se tornou verde ("Tannhäuser"), o milagre da Sexta-Feira Santa, quando a própria natureza dá a conhecer a Gurnemanz a redenção da humanidade ("Parsifal").

No texto do Novo Testamento, recordo, a fonte vivificante é apresentada como um símbolo sucinto da espiritualidade cristã [João 4, 13-14]. Na tetralogia, a fonte da verdade e da vida é apresentada de uma forma diferente: a imagem empírica dos jactos de água renanos actua como um símbolo da natureza - a medida natural e o regulador do comportamento moral.

Na tetralogia, o auto-conhecimento moral é realizado por Wotan e Brünn-Gilde. Os descendentes de Welze lutam pelo Eros da existência natural. Wotan envereda por um caminho diferente, ligado à violação das leis do amor/natureza. O reflexo do Pai do Mundo é a antítese do imediatismo dos sentimentos dos seus descendentes.

A imagem de Siegfried na interpretação de Wagner, apesar da sua contradição com as ideias cristãs (contém uma ousadia de espírito inerente aos ideais cristãos), não deixa de conter características icónicas, como uma auréola que envolve o seu rosto brilhante. E. Sadovnikova escreve sobre o problema da iconicidade e da sua refração na ópera de Rimsky-Korsakov O Conto da Cidade Invisível de Kitizh e da Virgem Fevronia. Observa que esta qualidade caracteriza a hagiografia dos justos, dos mártires, das obras de pintura e das descrições verbais. Os traços icónicos encontram-se também na caraterização das personagens de ópera e na dramaturgia das obras musicais e cénicas que considera. A iconicidade não está relacionada apenas com o fenómeno do culto ortodoxo, uma vez que também se encontra em textos bíblicos verbais pertencentes à tradição judaica, onde não existia uma tradição de reprodução pictórica do simbolismo religioso [33].

Do ponto de vista da iconicidade, da hagiografia e da justiça, é possível estabelecer um paralelo entre a donzela da floresta Fevronia e o menino da floresta Parsi-fal. Podemos continuar esta cadeia - a donzela da floresta Snegurochka, pouco sofisticada em assuntos mundanos, e o rapaz da floresta Siegfried. Apesar das suas diferenças variantes, estas personagens representam um arquétipo único em muitos aspectos; são os filhos puros da Mãe Natureza, incontaminados nos seus pensamentos e motivos graças ao seu isolamento das influências negativas da sociedade. Os traços icónicos são evidentes nos semblantes angélicos de Senta e Elisabeth e definem a imagem sacral do mensageiro celestial Lohengrin e do santo simplório Parsifal, uma vez que as personagens nomeadas parecem estar rodeadas por uma auréola brilhante de ausência de pecado. Os retratos musicais e cénicos dos heróis de Wagner, as suas características musicais e verbais, o sistema de leitmotiv, a formação de sentido e a ação cénica revelam claramente os sinais de Eternidade e intemporalidade inerentes tanto ao simbolismo cristão como ao mito pré-cristão, o que permite descobrir um dos pontos de contacto entre eles.

Tal como Cristo, Siegfried é um salvador, um Messias, cujo nascimento foi antecipado, cuja morte expiatória, anunciada pelas runas proféticas, cuja pureza e inocência de pensamento permitem colocá-lo a par dos santos mártires, é uma espécie de "cordeiro de Deus" que é morto no fogo do sacrifício. Recordemos o assassínio traiçoeiro, seguido da tomada de consciência do sucedido e da cena simbolicamente significativa do seu enterro nas chamas purificadoras. No entanto, a vida de Cristo e a do luminoso Siegfried não devem ser totalmente identificadas. No cristianismo, Deus Pai sacrificou o Filho por amor à humanidade. Siegfried, pelo contrário, perece devido à maldade dos pontos de vista de Wotan e do mundo criado por este progenitor (microcosmos e macrocosmos estão aqui correlacionados de acordo com o princípio da imagem e semelhança), porque o Pai do mundo sacrifica a vida dos seus filhos para a sua própria salvação.

A tetralogia combina duas facetas da cognição humana e da visão do mundo - a lógica e a intuição. Wotan subordina o destino do mundo aos argumentos da razão, não confiando nos impulsos do coração; é um herói reflexivo. A sabedoria de Erda é determinada pela subordinação do seu pensamento ao sonambulismo inconsciente, porque as suas profecias são o resultado do trabalho do subconsciente sob a forma de visões místicas. Neste contexto, as suas afirmações têm um carácter sobrenatural e hipnótico. O seu pensamento reproduz o conhecimento eterno que surge sob a forma de sonhos, onde a verdade não é o resultado de relações de causa e efeito de elos da cadeia de raciocínio (como em Wotan), mas o resultado do subconsciente. Daí o carácter misterioso dos seus discursos. O que está escondido nos eternos devaneios de Erda não pode ser compreendido através da lógica, tem de ser experimentado, tem de ser descoberto pelo nosso eu espiritual interior, como fez Brünnhilde ao ceder a um impulso interior imediato para se levantar em defesa dos Welsungs. O caminho de conhecimento de Brünnhilde está em harmonia com os devaneios eternos de Erda - as leis que regem o mundo e que não podem ser violadas impunemente. Para além de mostrar o mundo real em toda a sua multicor sensual, Wagner procurou exprimir na tetralogia o inconsciente - o mundo dos sonhos. A cognição extra-racional, que se revela inacessível à busca heurística do Pai do Mundo, é alcançada por Brünnhilde. De acordo com a psicologia do género, o feminino (feminilidade) é determinado pela intuitividade, enquanto o masculino (muscularidade), pelo contrário, é determinado pela consciência estruturada. Uma ideia semelhante foi expressa por C. Levi-Strauss, que relacionou a feminilidade e a muscularidade com o desenvolvimento da cultura - ele representou "a cultura como uma sobreposição de uma dimensão discreta numa realidade contínua" [citado em: 32, 32, 32]. A cultura é uma dimensão contínua [citado em: 32, p. 293], e tudo o que é contínuo, intuitivo, irracional é normalmente identificado com o feminino e, pelo contrário, tudo o que é discreto, racional - com o masculino [ibid.].

Na tetralogia, Wotan, Siegfried e Brünnhilde seguem o caminho do conhecimento e da auto-descoberta. Cada um deles tem o seu próprio caminho para a verdade, que determina o ponto final do seu percurso de vida. A tragédia mais profunda de Wotan e da tetralogia como um todo reside na impossibilidade de salvar o velho mundo. Este só pode ser redimido pela morte sacrificial do herói efusivo e por uma nova cosmogonia, possível graças ao Amor, fonte da existência. O monólogo final de Brünnhilde, em que o Amor é apresentado como a força que renova e transforma o mundo, é a conclusão lógica da ideia de reencontro com os verdadeiros fundamentos primordiais da vida.

Assim, a tetralogia refracta as ideias cristãs de uma forma indireta. Também se pode estabelecer uma ligação inversa. A legitimidade de interpretar a tetralogia em termos do mistério da redenção (no espírito de uma profunda reinterpretação das ideias cristãs) é confirmada pela interpretação de Wagner da imagem de Cristo: o Messias cristão aparece como personagem central nos seus esboços para o drama Jesus de Nazaré (1848). [10]Os sermões de Jesus nesta obra estão muito próximos dos pontos de vista morais que Wagner exprimiu na tetralogia. O compositor expressou a sua própria visão do rosto radiante do Salvador sem duplicar as verdades canónicas do Novo Testamento. O credo fundamental do herói de Wagner é proclamar a lei eterna do espírito, que é o amor: "<...> se agires de acordo com o amor", diz ele, "nunca pecarás" [21, p. 168]. [21, c. 168]. Voltando aos motivos evangélicos, Wagner dá-lhes uma nova nuance semântica, como se os iluminasse com as suas próprias ideias, que o agitavam constantemente. Por exemplo, o Salvador fala do casamento, que é originalmente o resultado da lei do amor. No entanto, o compositor sublinha que esta união é justa se for baseada no sentimento mútuo, mas torna-se opressiva quando o amor está ausente. Pela boca do Messias, Wagner expõe o seu próprio pensamento sobre o assunto: "A lei diz: 'Nunca cometas adultério! E eu digo-vos: não caseis sem amor. O casamento sem amor dissolve-se no momento em que é celebrado, e quem contrair um casamento sem amor, violou a lei do matrimónio." [21, c. 169]. Este sermão faz lembrar as reflexões de Wotan no diálogo com Frikka, em que o chefe do panteão exprime o seu próprio juízo sobre o amor dos Welsungs, que não considera de todo vicioso: "O que há de pecaminoso na sua união, coroada por uma terna

---

10 O texto original dos esboços do drama de Wagner "Jesus de Nazaré", escrito sobre os motivos das hagiografiasdos Evangelhos, não está atualmente disponível, mas pode ser julgado pelas citações desta obra na monografia de A. Lishtanberger [21, pp. 172]. Lishtanberger [21, pp. 167-172].

primavera? A magia do amor acendeu a paixão neles: é possível executar o amor?" (tradução de V. Kolomiitsev). O tema do casamento e do adultério delineia a visão moral do próprio R. Wagner, que se manteve inalterada ao longo de toda a carreira do compositor. Na tetralogia, no drama musical Tristão e Isolda e nos esboços para o drama Jesus de Nazaré, o compositor não concebe o amor verdadeiro à luz da imoralidade.

Na sua própria leitura do Novo Testamento, o compositor corresponde à lei da propriedade como uma das mais imorais, uma vez que, na sua opinião, todos os seres humanos têm o mesmo direito de procurar na natureza uma fonte para a satisfação das suas necessidades. No entanto, na comunidade humana, floresce a nera venalidade, que faz com que a tentação e o pecado existam no mundo. Nos esboços para o drama "Jesus de Nazaré", o compositor delineou o seu próprio pensamento sobre este assunto: "Quem acumula riquezas que os ladrões podem roubar é o primeiro a transgredir a lei, pois tirou do seu vizinho o que era necessário para este último" [21, p. 170]. [21, c. 170]. Do mesmo modo, em "A Obra de Arte do Futuro", Wagner escreve sobre o luxo, que "mantém o mundo inteiro nas cadeias de ferro do despotismo" [8, p. 149], que "mantém o mundo inteiro nas cadeias de ferro do despotismo". [8, p. 149], a mesma ideia que ele persegue consistentemente na tetralogia "O Anel do Nibelungo". O grandioso ciclo de ópera é a encarnação da "filosofia da história em sons" [28, p. 9], e é a encarnação da "filosofia da história em sons". [Mas igualmente histórica é a leitura que Wagner faz da história do Evangelho, onde os sermões do Salvador estão em sintonia com as realidades sociais contemporâneas do compositor, revelando pragas da comunidade humana como a ganância, a sede de poder e o egoísmo.

Resumamos. O mistério da redenção na tetralogia de R. Wagner é revelado como um caminho de auto-descoberta dos protagonistas, refractado através do prisma dos valores morais cristãos, que paradoxalmente brilham através da concha do mito pagão. A abordagem analítica escolhida ajuda a revelar uma síntese dialógica de dois modelos de visão do mundo intimamente inter-relacionados na obra de R. Wagner -

pagão e cristão. A comparação do ciclo de ópera com os esboços do drama Jesus de Nazaré revela as atitudes morais constantes do compositor, inalteradas ao longo da carreira criativa do mestre.

Conclusões

O conceito religioso e filosófico de Kunstreligion de R. Wagner está ligado à encarnação da "tragédia cristã". A criatividade de R. Wagner baseia-se no mistério. A ideia de Kunstreligion no contexto das obras de ópera de R. Wagner aparece como um conceito de visão do mundo que se formou a partir de O Holandês Voador e terminou com Parsifal, onde recebeu uma expressão completa e concentrada no género declarado de ópera-mistério. Seguindo os grandes iniciados, R. Wagner propõe-se procurar Deus em si mesmo (o drama inacabado Jesus de Nazaré), compreender a Verdade não por meio de construções racionais e lógicas, mas por insight intuitivo e visão mística. A obra do compositor alemão revela invariavelmente a tríplice natureza misterioso-serial da história: 1) a imperfeição espiritual, a incompletude da existência; 2) o tormento interior, que leva à busca da Verdade misteriosa; 3) a realização da harmonia transcendental (Liebestod), concebida como perfeição, infinito, estática dinâmica universal - Amor-Morte. A busca da Verdade pelas personagens da ópera de R. Wagner é definida pelo mitologema do Caminho misterioso, concebido como um processo e um resultado (movimento e segmento do ponto inicial ao ponto final). O Liebestod é o resultado da viagem misteriosa do herói, a sua sofrida aquisição da imortalidade através do amor e da abnegação.

A ideia de imortalidade, que define a essência dos mistérios, surge para o autor da monografia como um "coágulo de sentido" que sintetiza vários "ramos" heurísticos da atividade cognitiva do compositor alemão - o budismo, o cristianismo, o mito, a filosofia e a ficção. O espaço comunicativo das óperas de Wagner é um espaço hermético, onde se operam símbolos geralmente significativos e conhecimentos acumulados em várias esferas da consciência social. Os mitologemas na obra de R. Wagner adquirem um significado único determinado pela visão do mundo do compositor. A consciência artística de R. Wagner actua como um espaço comunicativo, que comunica com o espaço comunicativo da cultura mundial (semiesfera). Este processo está ligado à prática cognitiva do compositor que forma a consciência artística do mestre alemão. Assim, interagem dois espaços comunicativos: 1) a consciência artística de R. Wagner, que se baseia no thesaurus do compositor, no seu intelecto criativo (Wagner actua como comunicador e comunicante), 2) a experiência cultural e histórica da humanidade, que acumula o stock de conhecimento sobre o mundo (ideias ontológicas) acumulado em várias esferas da consciência social.

A natureza tríplice das fábulas de Wagner está também relacionada com a ideia de serviço angélico, que determina a motivação das interacções das personagens de Wagner de acordo com o mistério. O autor da monografia segue a teoria de C. G. Jung, que apresentou as imagens cristãs como símbolos que reflectem o inconsciente coletivo da humanidade. A legitimidade de tal interpretação das ideias cristãs na obra de R. Wagner é determinada pela sua própria compreensão da interação entre arte e religião (o conceito de Kun- streligion).

O arquétipo do Anjo revela-se na obra de R. Wagner em várias leituras semânticas. Por exemplo, através do prisma da ideia de luminosidade, que define a natureza dos anjos e o seu envolvimento com a Luz Divina. A ideia de luminosidade é actualizada nas características musicais e cénicas das personagens da ópera - as donzelas-anjos, o mensageiro celestial Lohengrin e a sua amada, o santo simplório e o ensolarado herói Siegfried. Na introdução da ópera Lo-engrin, o lexema da Luz Divina é apresentado ao nível da semântica musical. As cenas finais de todas as obras operáticas de Wagner, começando com O Holandês Voador e terminando com Parsifal, estão também impregnadas de luz, representando a ideia de Liebestod ao nível da entoação e da dramaturgia. Uma exceção foi The Meistersingers of Nuremberg, onde o som iluminado da orquestra está associado à catarse resultante da empatia com as personagens da ópera, mas o triunfo da verdade é mostrado fora da ideia de mistério. Nas obras de R. Wagner, encontramos um "gráfico" de mistério - uma transição do mundo da tristeza para a esfera da harmonia transcendente do mundo. Nas suas obras, o compositor alemão realiza o mistério da redenção, cujo objetivo final é a aquisição da imortalidade no Amor.

A missão dos anjos nas óperas do compositor alemão é levada a cabo por mediadores espirituais (lat. mediatrix) - donzelas angélicas (Senta, Elisabeth) e mensageiros de Deus (Lohengrin, Parsifal), que trabalham em conjunto com os heróis-sinistros para cumprir o mistério da redenção. O caminho espiritual conduz à redenção, interpretada por R. Wagner como um caminho de conhecimento e de auto-conhecimento. A tetralogia não é exceção. O mistério da redenção no grandioso ciclo de óperas de R. Wagner está ligado ao mitologema do Caminho; a ideia de um ciclo de vida que se fecha e ao mesmo tempo aspira à eternidade é concretizada na obra a nível micro e macro - o amor é eterno, tem uma escala universal e opõe-se ao singular como encarnação do egoísmo; os marcos ontológicos - nascimento, morte, nova cosmogonia - simbolizam em conjunto a ideia de infinito a nível ontológico. Na tetralogia, o mito interage com a psicologia, a filosofia, incluindo a filosofia natural, e motivos sociais agudos, formando uma mistura única que determina a especificidade da produção de sentido nesta obra singular.

Para concluir o estudo dos misteriosos fundamentos da consciência artística e da obra de R. Wagner, gostaria de terminar com as palavras do autor da grandiosa tetralogia sobre a cognição: "A partir do momento em que o homem sentiu a sua diferença em relação à natureza e começou assim a desenvolver-se como homem, passando da inconsciência da existência animal natural para a vida consciente, quando assim se opôs à natureza e quando o sentimento de dependência dela deu impulso ao desenvolvimento do seu pensamento - a partir desse momento a ilusão apareceu como a primeira manifestação da consciência. Mas a ilusão é o pai da cognição, e a história do desenvolvimento da cognição a partir da ilusão é a história da raça humana desde os mitos das profundezas.

desde a antiguidade até aos nossos dias" [8, p. 144]. [8, c. 144]. Estas palavras correspondem da melhor forma possível ao conceito da famosa tetralogia, ao mesmo tempo que respondem ao mitologema do Caminho, que é um tema transversal na obra do mestre alemão e determina a formação espiritual das personagens das óperas abordadas nesta monografia - o caminho da ilusão (pecaminosidade) para a descoberta da Verdade (redenção).

Assim, o início do mistério permeia a obra operística de R. Wagner, começando com O Holandês Voador e terminando com Parsifal, afectando todos os níveis textológicos: enredo e semântica, entoação e semântica, musical e dramatúrgico.

Lista das referências utilizadas

1. Explicações do programa do autor para as aberturas de ópera de Wagner (trans. por T. G. Kovalyova) // Wagner R. Artigos e materiais / R. Wagner ; ed. por G. V. Krauklis, V. G. Gamrat-Kurek ; ed. por T. E. Tsitovich. G. V. Krauklis, V. G. Gamrat-Kurek ; ed. por T. E. Tsitovich. - Moscovo: Música, 1974. - C. 55-62.

2. Anikst A. A. Comentários sobre o "Fausto" de Goethe / A. A. Anikst // Obras escolhidas: em 2 volumes / I. V. Goethe. - M., 1985. - VOL. 2. - P. 639-700.

3. Barthes R. Selected Works: Semiotics: Poetics; trans. do Fr. por G. K. Kosikov. G. K. Kosikov. / R. Bart. - Moscovo: Progress, 1989. - 616 c.

4. Beketova N. O conceito de transfiguração na música russa / N. Beketova // Cultura musical do mundo cristão: Actas da conferência científica internacional. - Rostov-n/D: Editora do Conservatório Estatal de Rostov com o nome de S. S. Gubkin. C. V. Rakhmaninov, 2001. - C. 104-132.

5. Bondar S. V. Hinos da Theotokos como "teologia em sons" (tradição ortodoxa): tese do aluno. 5 curso / orientador científico. L. V. Shapovalova; Instituto Estadual de Artes de Kharkiv com o nome de I. P. Kotlyarevsky, Departamento de Teoria Musical. - X., 2001. - 89 c.

6. Tesouros Budistas. Baseado em "The Treasure of Knowledge" de Jamgon Kongrtul Lodre Thaye BUDDDHISM TODAY, Vol.1, 1996, Kamtsang Choling USA: per. from Tib. Segers, tradução russa de S. Golikov [Recurso eletrónico] - Modo de acesso: kunpendelek.ru'library/buddhism/articles/treasure

7. Bhagavadgita: tradução, artigo introdutório e dicionário por B.L. Smirnov - Ashgabat: Ylym, 1978. [Recurso eletrónico] - Modo de acesso: yogalib.ru'veda-lit/545-bhagavatgita-smirnov

8. Wagner R. Obras seleccionadas: trad. do alemão / R. Wagner; comp. e comentário de I. A. Barsova, S. A. Osherov; intro. de A. F. Losev. A. F. Losev. - Moscovo: Arte, 1978. - 695 c.

9. Wagner R. Artigos seleccionados / R. Wagner. - Moscovo: Muzgiz, 1935. - 107

с.

10. Wagner R. A minha vida: em 2 vols. T. 1 / R.Wagner. - M.: Astrel, 2003. - 560 с. - (Memórias).

11. Wagner R. A minha vida: em 2 vols. T. 2 / R. Wagner. - Moscovo: Astrel, 2003. - 592 с. - (Memórias).

12. Wagner R. Cartas. Diários. Endereço para amigos. T. 4. - O dia seguinte / R. Wagner; ed. A. L. Volynsky, 1911. - 553 с.

13. Vieru N. "Parsifal" - o resultado do caminho criativo de Wagner // Richard Wagner: coleção de artigos. - M., 1987. - C. 191-222.

14. Gorelik N. O abade Gounod e a sua ópera "Fausto" / N. Gorelik // Almanaque musical sul-russo 2008 (5): uma revista musical. - Rostov-n/D: Casa Publicadora do Conservatório Estatal de Rostov com o nome de S. S. Gorelik. C. V. Rakhmaninov, 2009. - C. 74-82.

15. Guliba A. Schelling. - 84 с. [Recurso eletrónico] - Modo de acesso: www.rulit.me/books/shelling-read-48048-43.html

16. Zhdanko A. O lexema da luz como constante formadora de sentido do teatro musical de N. A. Rimsky-Korsakov / A. Zhdanko // Problemas de interação entre arte, pedagogia, teoria e prática do ОСВІТU: UMA coleção de artigos científicos / Universidade Estatal de Artes e Ofícios de Kharkiv ÌM. I. P. Kotlyarevsky. - Kharyuv, 2005. -Vip. 22: Aspectos da musicologia secundária - II. - C. 143-151.

17. Kaloshina G. Díptico de ópera de Leonid Klinichev "Paixão por Anna e Marina" / G. Kaloshina // Almanaque musical sul-russo 2015'3 (20). - Rostov-n/D: FGBOU VO "Conservatório Estatal de Rostov com o nome de S. S. Gorky". C. V. Rakhmaninov", 2015. - C. 75-83.

18. Kaloshina G. Christian themes and problems of genre evolution of French opera and oratorio: from the origins to the XX century / G. Kaloshina // Musical Culture of the Christian World: Proceedings of the International Scientific Conference. - Rostov-n/D: Editora do Conservatório Estatal de Rostov com o nome de S. S.

Gubkin. C. V. Rakhmaninov, 2001. C. 297-316.

19. Kaloshina G. Características do mistério nas tragédias religiosas e filosóficas de Millau-Claudel // Problems of Musical Science 2010, № 1 (6): revista científica especializada russa; ed. por L. N. Shaimukhametova. Rostov n/D: Gilem, 2010. C. 137-142.

20. O Livro dos Anjos: Antologia da Angelologia Cristã / editado por D.Y. Dorofeev. - SPb.: Amfora. TID Amfora, 2005. - 553 c.

21. Lishtanberge A. Richard Wagner como poeta e pensador: per. do Fr. / A. Lishtanberge. - Moscovo: Algorithm, 1997. - 477 c.

22. Losev A. F. F. O significado histórico da perspetiva estética de Richard Wagner / A. F. Losev // R. Wagner. Obras seleccionadas. - Moscovo: Arte, 1978. - C. 7-48.

23. Losev A. F. F. O problema de Richard Wagner no passado e no presente: (Em conexão com a análise de sua tetralogia "O Anel do Nibelung") / A. F. Losev // Voprosy aesthetiki. - M., 1968. - Vyp. 8. - C. 67-196.

24. Lotman Yu. M. Artigos seleccionados: em 3 vol. Vol. I: Artigos sobre semiótica e topologia da cultura / Y. M. Lotman. - Tallinn: Alexandra, 1992. - 247 c.

25. Mann T. O Sofrimento e a Grandeza de Richard Wagner / T. Mann // Obras Coleccionadas: em 10 vols / T. Mann. - M., 1961. - T. 10: Artigos 1929 - 1955. - C. 102-174.

26. Mikhailova O. S. Lenda bíblica na ópera italiana da primeira metade do século XIX ("Moisés" de J. Rossini, "Nabucodonosor" de J. Verdi): Cand. História da Arte: 17.00.02 / O. S. Mikhailova. - Rostov-n/D, 2014. - 182 c.

27. Cultura musical do mundo cristão: materiais da conferência científica internacional. - Rostov-n/D: Editora do Conservatório Estatal de Rostov com o nome de S. S. S. Gorky. C. V. Rakhmaninov, 2001. - 500 c.

28. Estética musical da Alemanha do século XIX: em 2 vols. T. 1 / co-editado por A. Mikhailov, V. Shestakov; ed., N. Shakhnazarov. A. Mikhailov, V. Shestakov; ed.

por N. Shakhnazarov. - Moscovo: Música, 1981. - 415 p., notas. - (Monumentos do pensamento musical e estético).

29. Naukovyi BÌCHUK: zb. nauk. pr. za mater. mižnar. nauk. conf. / Academia Nacional de Música. Ukraina ÌM. P. I. Tchaikovsky. - K., 1999. - Vip. 4: Muzika i Bible. - 248 c.

30. Naumova E. A. O Teatro de Mistério de Richard Wagner: "Parsifal" e sua dramaturgia sagrada: dissertação ... ... Cand. de História da Arte: 17. 00. 01 / E. A. Naumova. - K., 2006. - 180 c.

31. Platão. Diálogos seleccionados / Platão. - Moscovo: Khud. literatura, 1963. - 441 c.

32. Rudnev V. Dicionário enciclopédico da cultura do século XX / V. Rudnev. - Moscovo: Agraf, 2001. - 608 c.

33. Sadovnikova E. "O Conto da Cidade Invisível de Kitizh e da Virgem Fevronia" de N. A. Rimsky-Kosakov à luz do problema da iconicidade / E. Sadovnikova // Problemas de compreensão mútua da arte, pedagogia, teoria e prática da educação: uma coleção de artigos científicos / Universidade Estatal de Artes e Ofícios de Kharkiv ÌM. I. P. Kotlyarevsky. - Kharyuv, 2009. - Vip. 26: Aspectos da musicologia secundária - III. Vivere est cogitare. - C. 35-51.

34. Svasyan K. A. Perspetiva filosófica de Goethe / K. A. Svasyan. - Yerevan: Academia de Ciências da Arménia. SSR, 1983 - 183 p.

35. Dicionário da Antiguidade / ed. por V. I. Kuzishchin - Moscovo: Progresso, 1989. I. Kuzishchin - M.: Progresso, 1989. - 704 c.

36. Tyshko S. V. V. A imagem da Luz do Tabor e os processos de formação do estilo nas óperas de M. Mussorgsky / S. V. Tyshko // Cultura Musical do Mundo Cristão: Actas da Conferência Científica Internacional. - Rostov-n/D: Editora do Conservatório Estatal de Rostov com o nome de S. V. Tyshko. C. V. Rakhmaninov, 2001. - C. 422-435.

37. Upanishads / tradução e prefácio de A. Y. Syrkin - M.: Nauka, 1967. [Recurso

eletrónico   ].   -   Modo de acesso :
psylib.ukrweb.net/books/upani01/index.htm

38. Hübner K. A verdade do mito / K. Hübner. - Moscovo: Respublika, 1996. - 448 c.

39. Cherkashina M. Evangelical motifs in the works of R. Wagner // Naukovyi ВÌСНUK: zb. nauk. pr. za mater. mižnar. nauk. conf. / National Academy of Music. Ukraina ìm. P. I. Tchaikovsky. - K., 1999. - Vip. 4: Música e Bíblia. - C. 159-166.

40. Shalagshov B. B. "Fausto" de J. V. Goethe e o problema da essência espiritual do homem na literatura schmeckiana na viragem dos séculos XVIII-XIX. O Fausto de Goethe e o problema da essência espiritual do homem na literatura schmeckiana na viragem dos séculos XVIII-XIX: tese do autor .... Doutoramento em Filologia: 10.01.04 / B. B. Shalagshov. - K., 2003. - 40 c.

41. Steiner R. Mistérios da antiguidade e do cristianismo [Recurso eletrónico] / R. Steiner. - Modo de acesso:

http://moshkow.library.kr.ua/cgibin/htmlKOI.pl/URIKOVA/STEINER/misterii .txt

42. Shyure E. Os grandes iniciados. [Recurso eletrónico] / E. Shyure. - Modo de acesso: http://fortune.hop.ru/txts/dopolnit_ogl.htm

43. Jung, K. G. Arquétipo e Símbolo / K. G. Jung; comp. e intro. por A. M. Rutkevich. A. M. Rutkevich. - Moscovo: Renaissance, 1991. - 304 c.

44. Jung K. G. Obras Colectâneas. Resposta ao trabalho: trad. / K. G. Jung - M.: Canon + ROOI "Rehabilitation, 2006. - 352 c. - (História da psicologia nos monumentos).

45. Borchmeyer D. Die Festspielidee im Spannungsfeld von Hofkultur und "Kunst-religion". Goethe - Richard Wagner - Ludwig II / D. Borchmeyer // Bayreuther Festspielbuches.- 2001 - P. 18-25.

46. Eger M. Die Bibliotheken des Richard-Wagner-Museums und der Richard-Wagner-Gedenktstatte. / M. Eger // Materiais de arquivo da Sociedade Wagner de

Kharkov. - [Manuscrito].

47. Kienzle U. Vénus - Maria - Elisabeth. Wagners weibliche Dreifaltigkeit in Tannhause // Bayreuther Festspielbuches. - 2003 - P. 66-77.

48. Müller U. Vom Lauf der Welt / U. Müller, O. Panagl // Bayreuther Festspielbuches. - 2007. - P. 100-115.

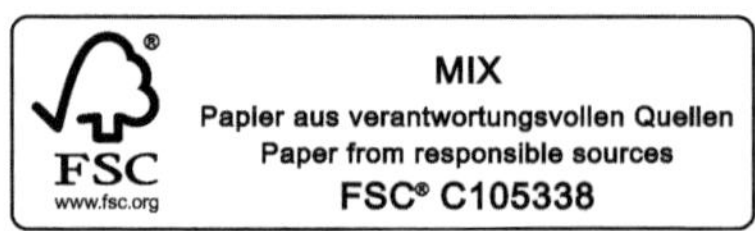

Printed by Books on Demand GmbH, Norderstedt / Germany